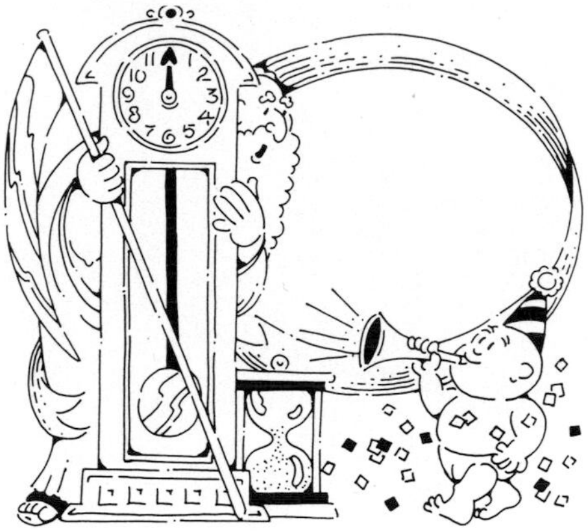

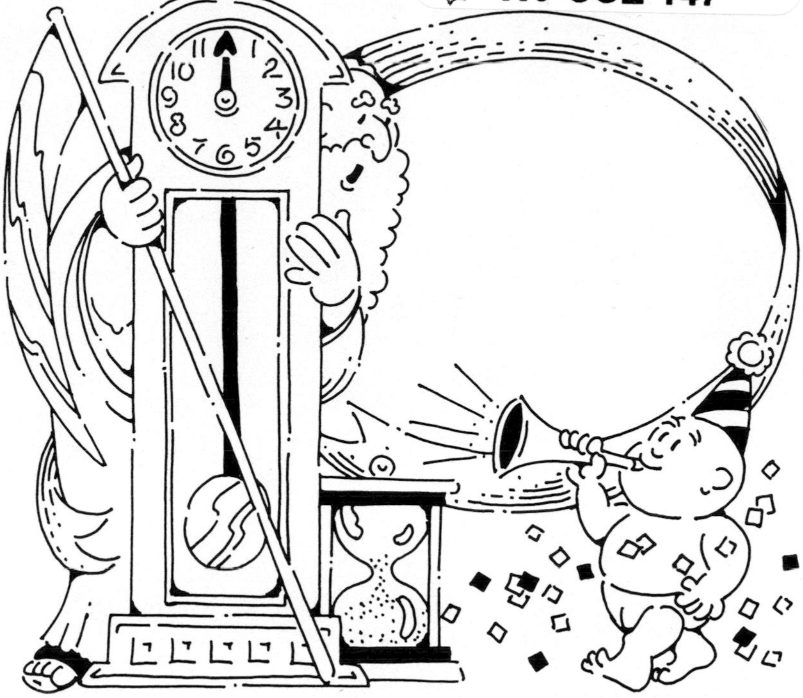

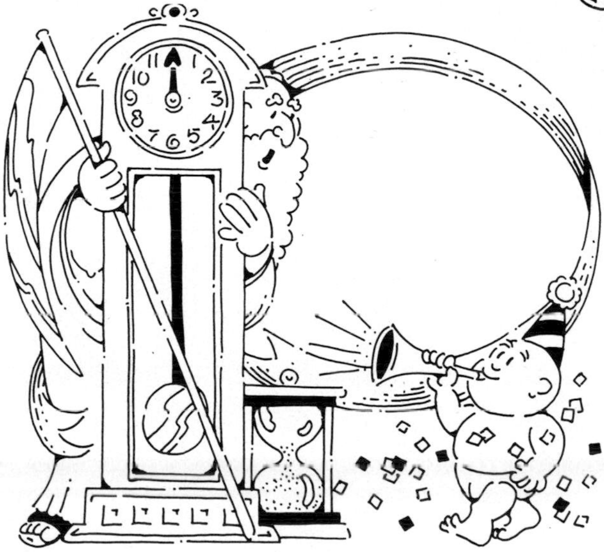

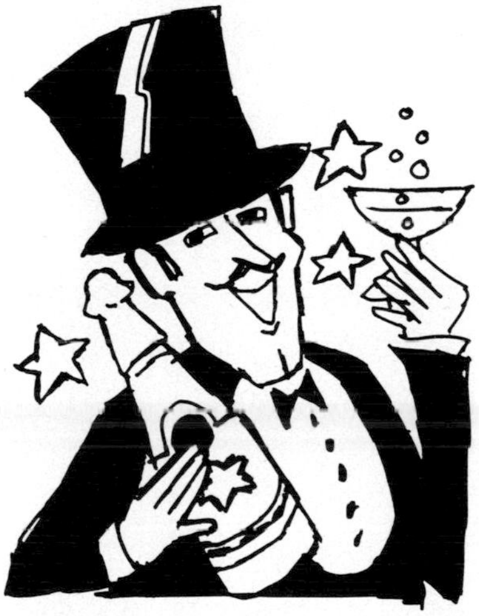

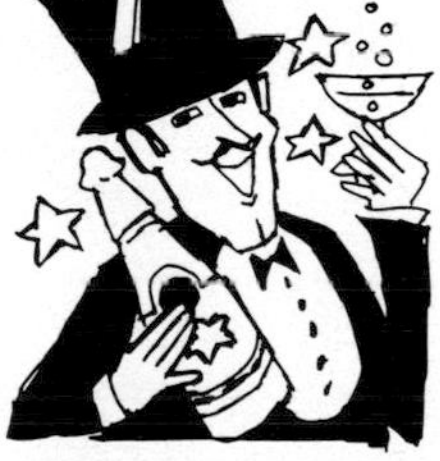

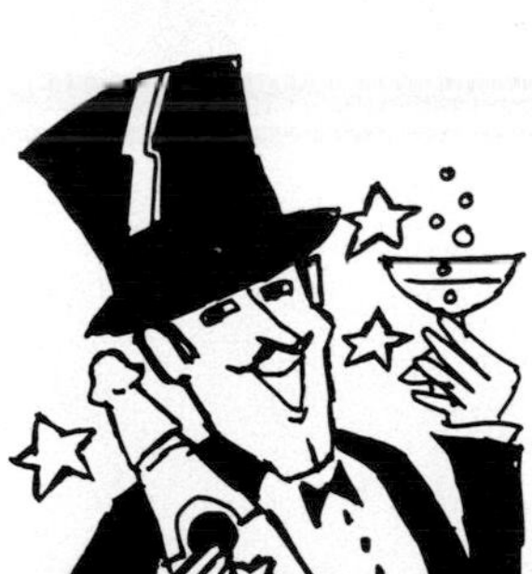

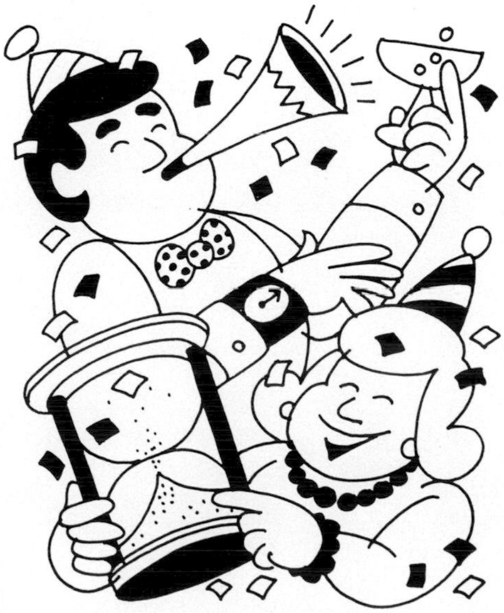

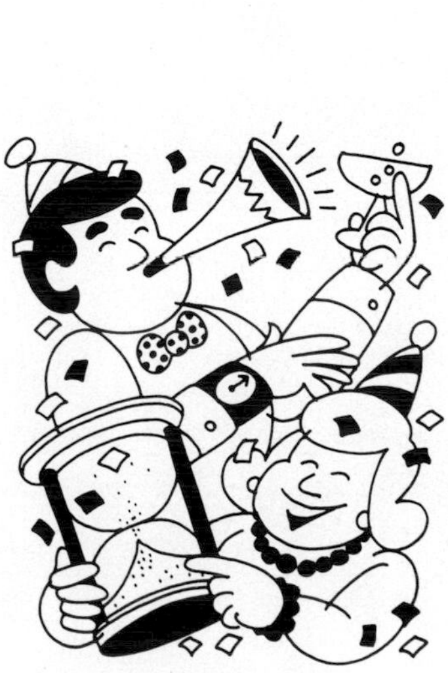

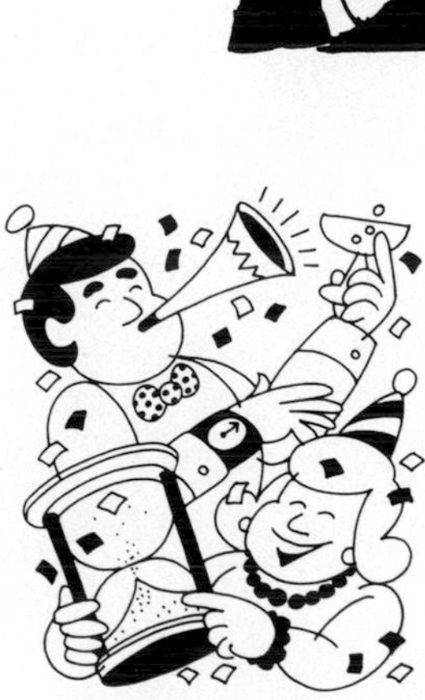

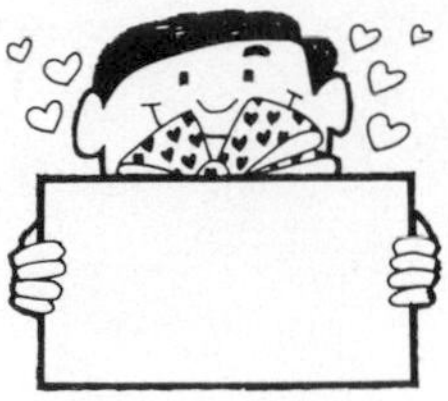
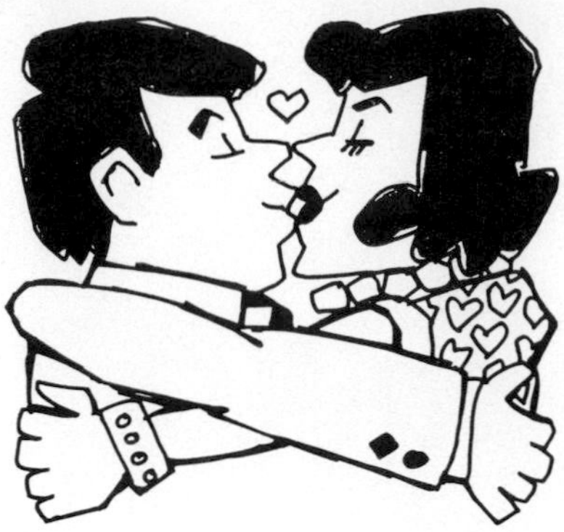
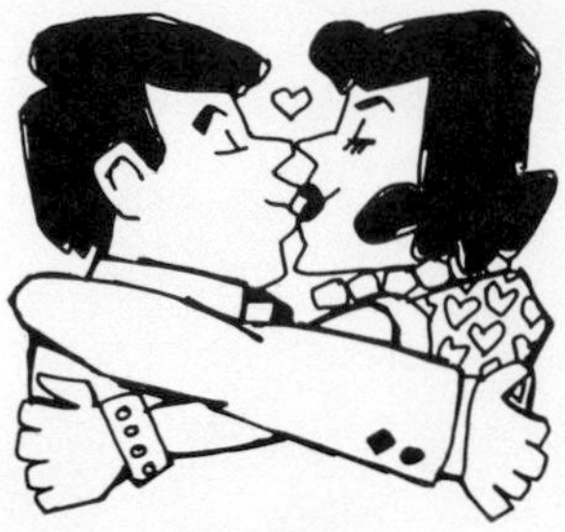
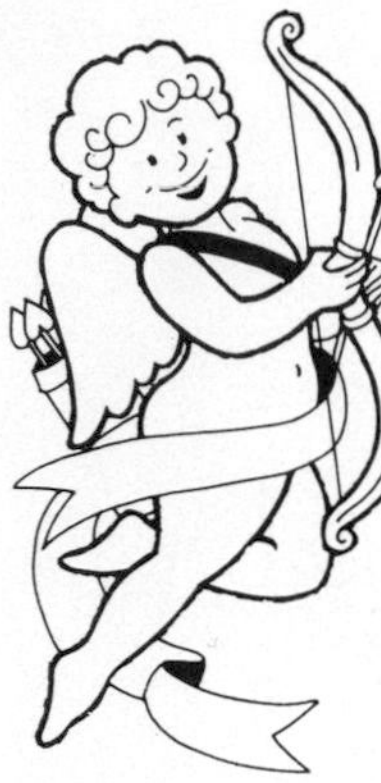
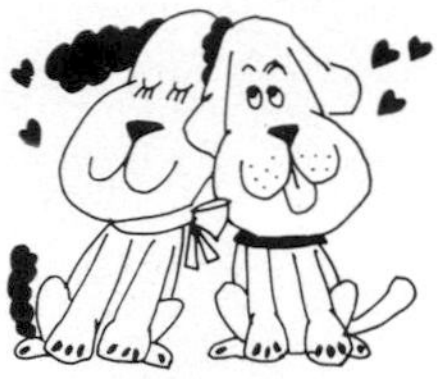
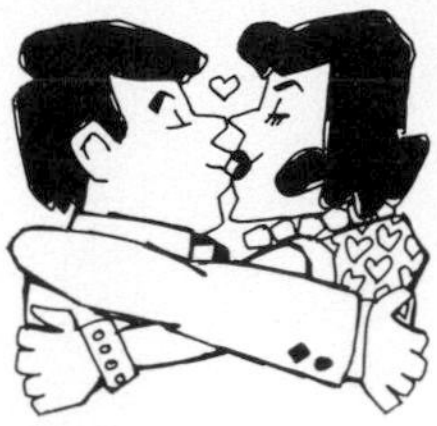
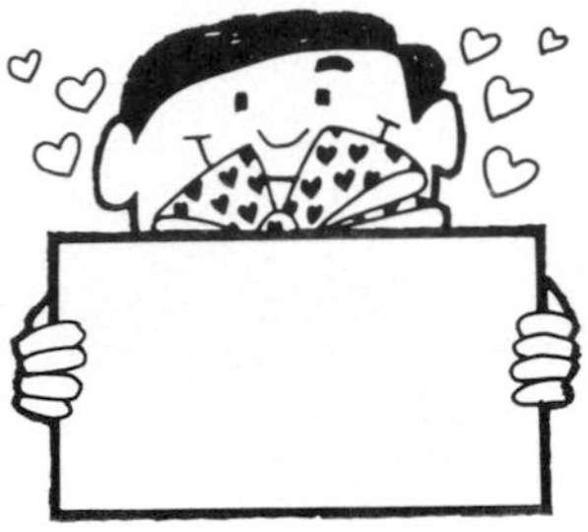
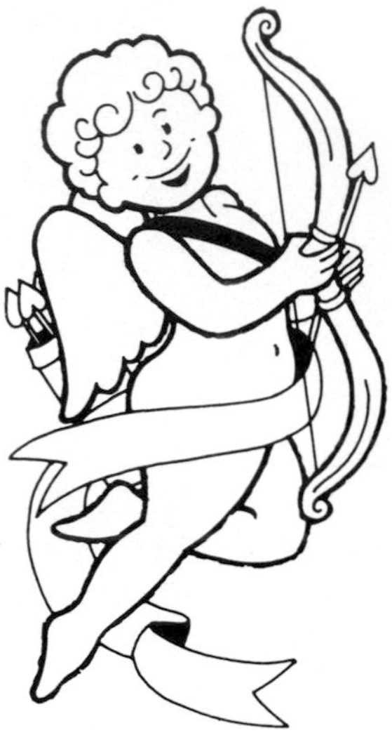
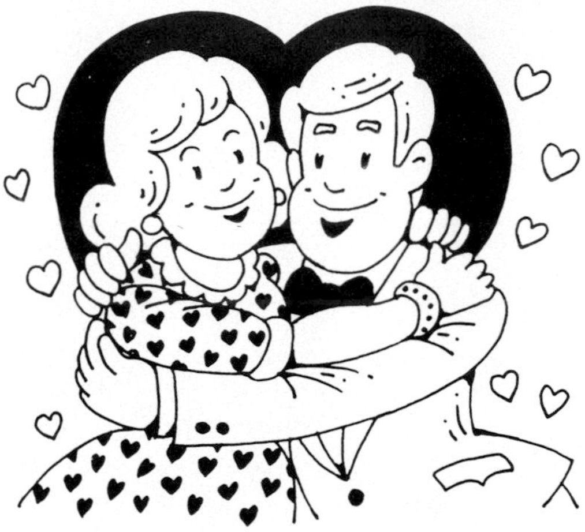
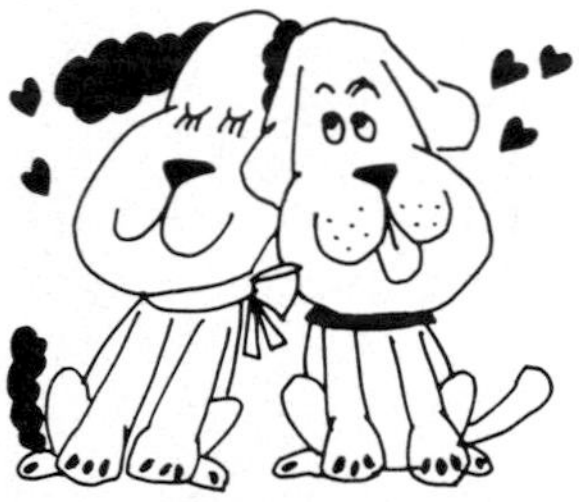
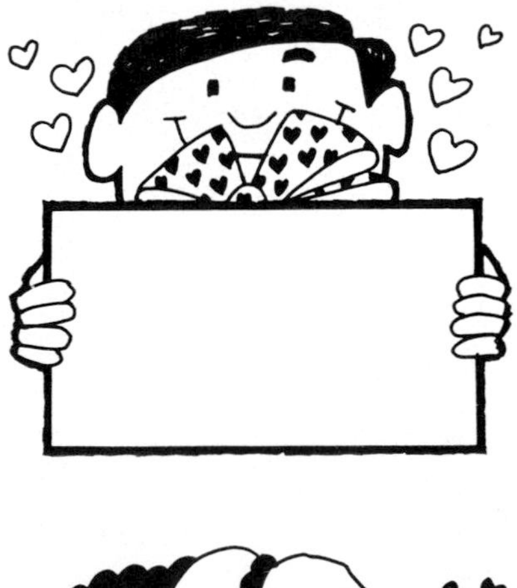
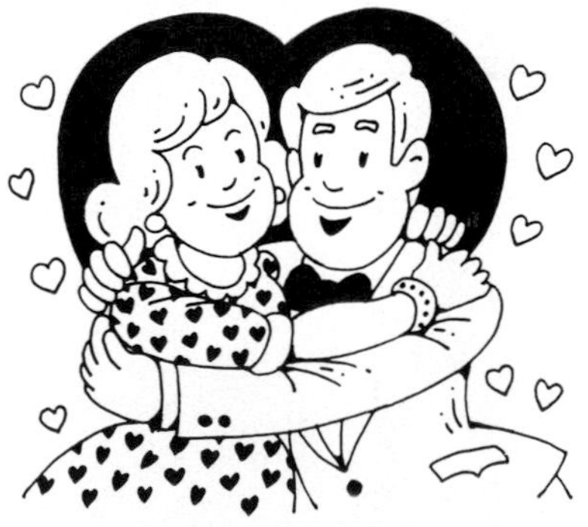
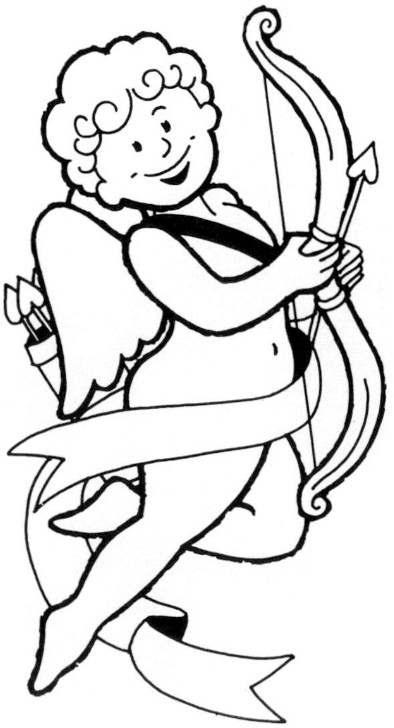
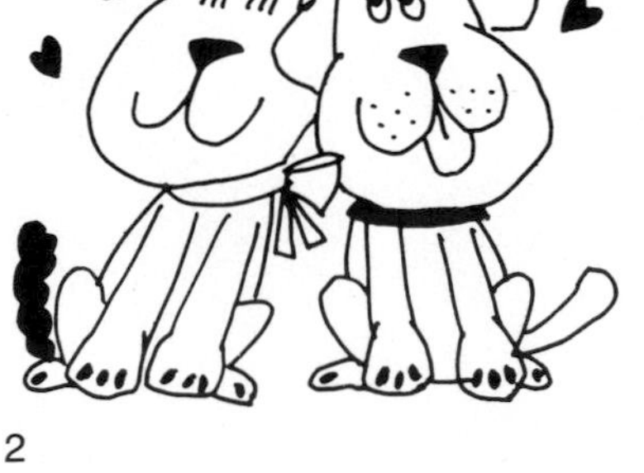
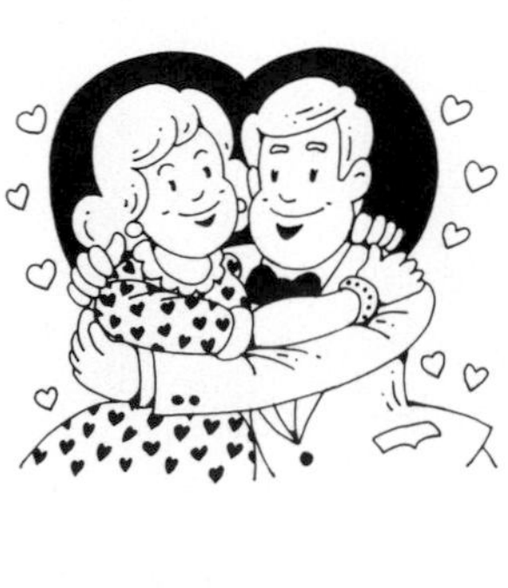

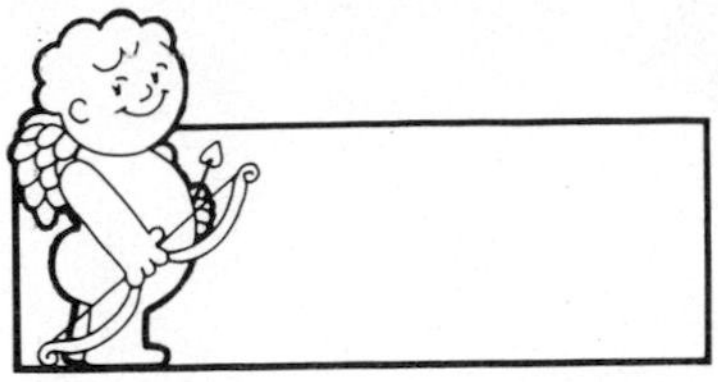

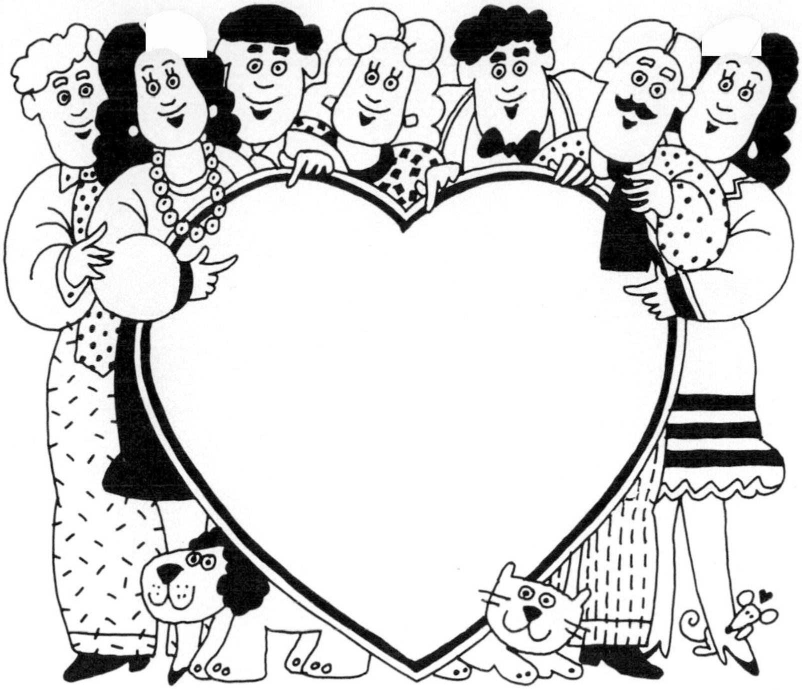

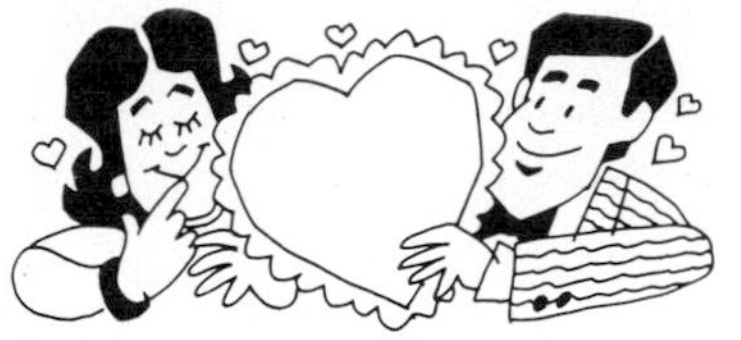

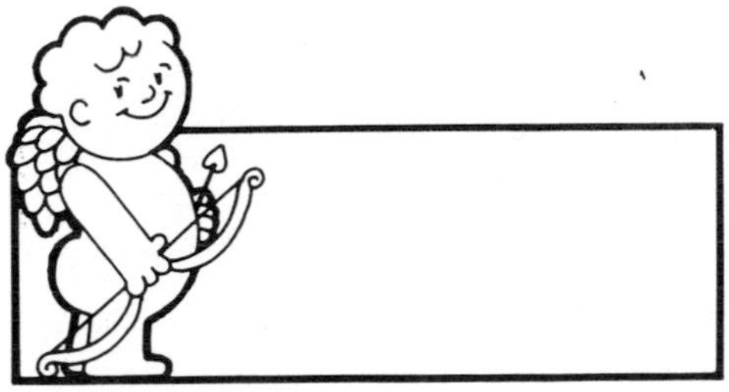

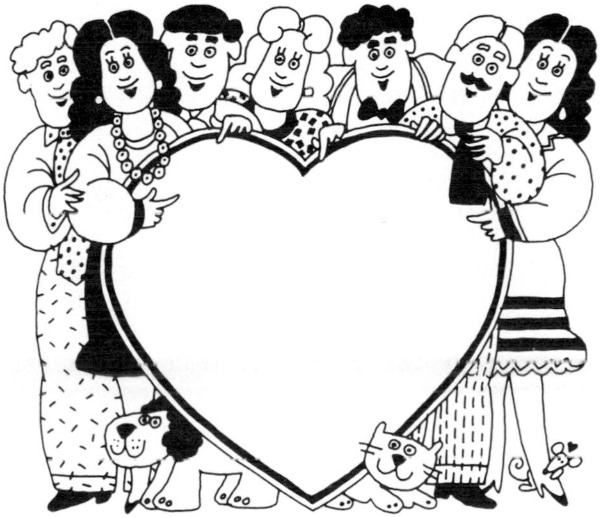

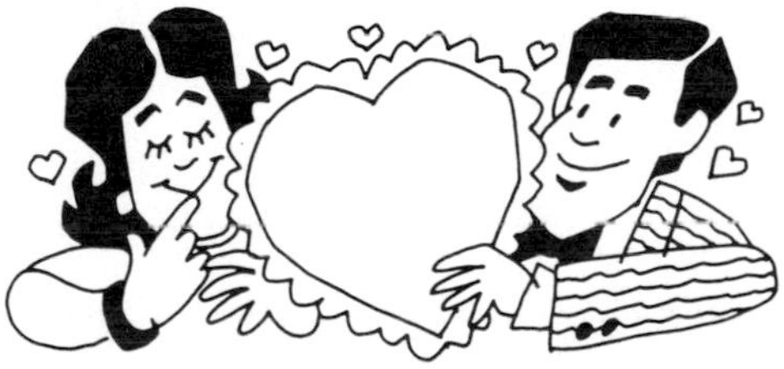

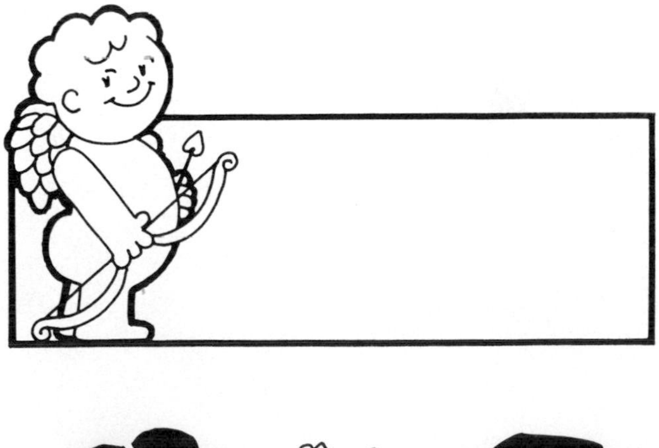

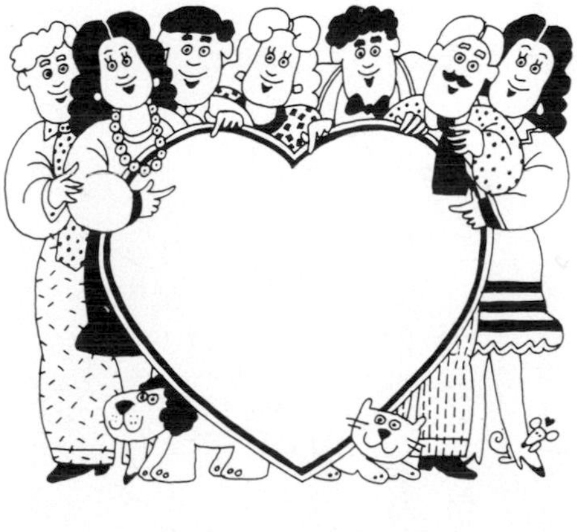

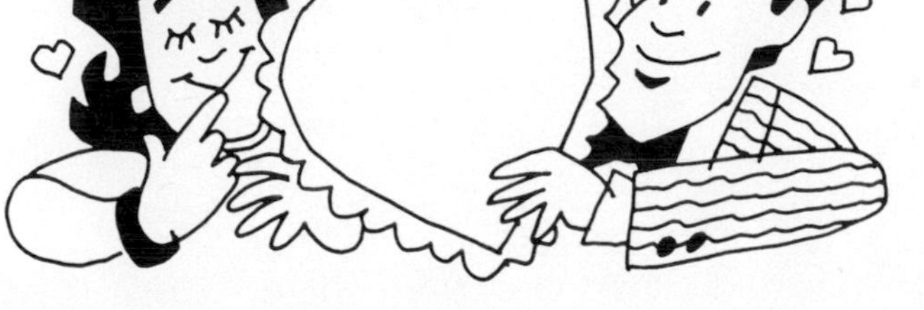

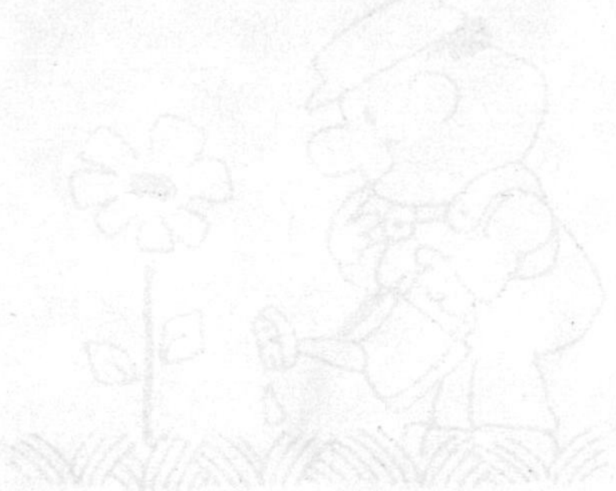

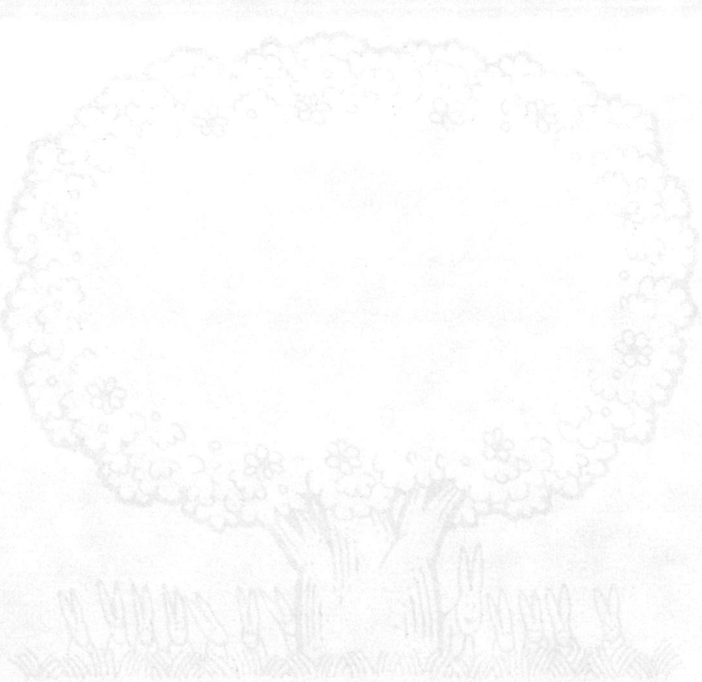

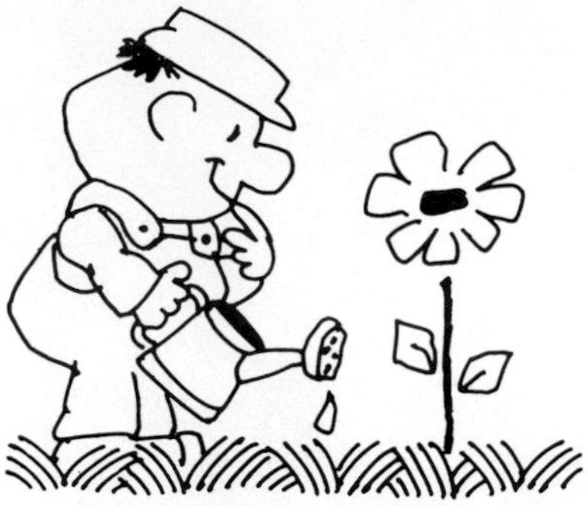
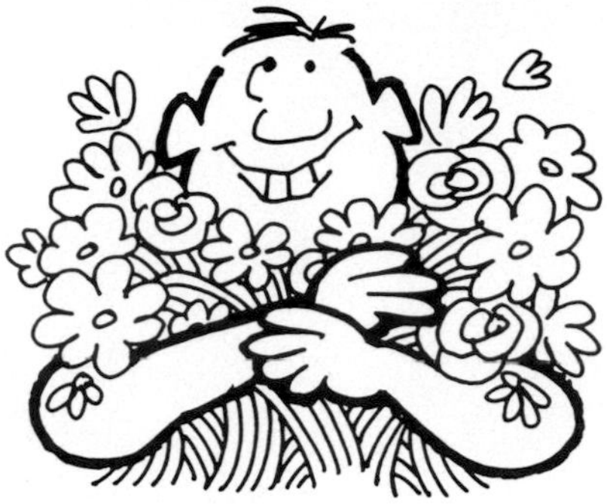
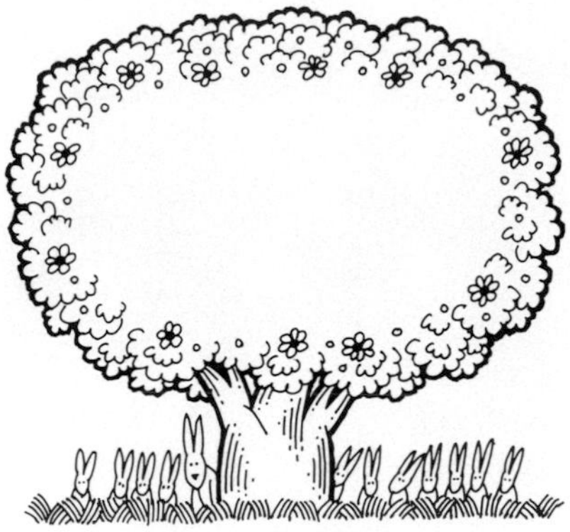
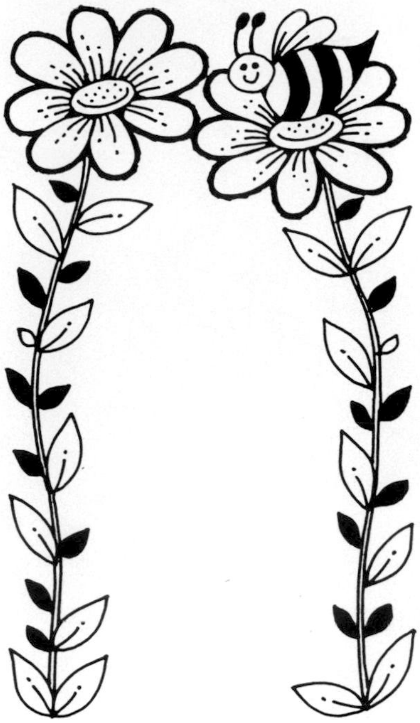
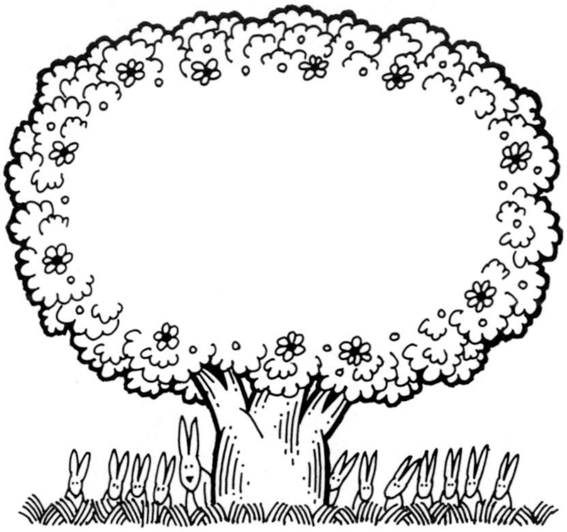
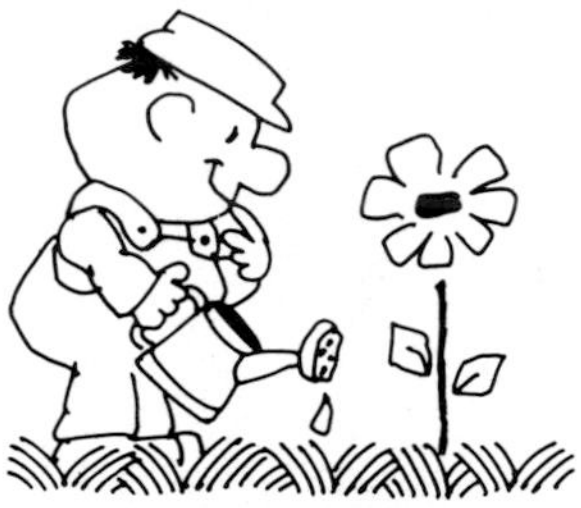

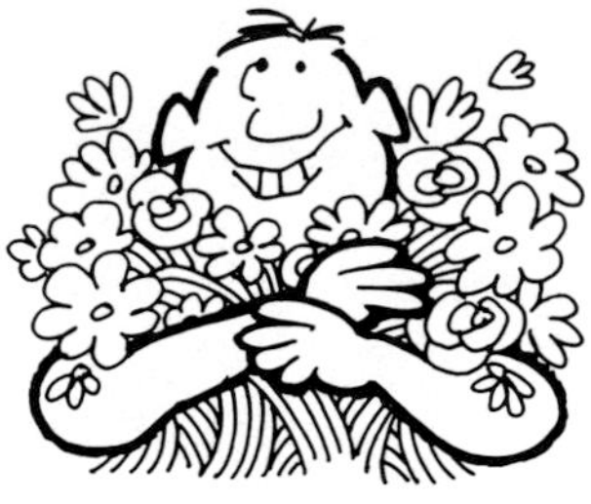
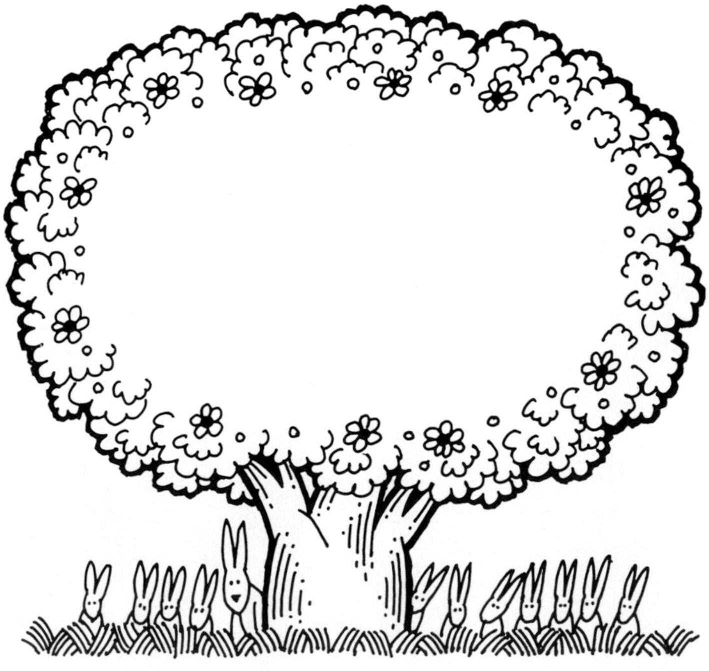
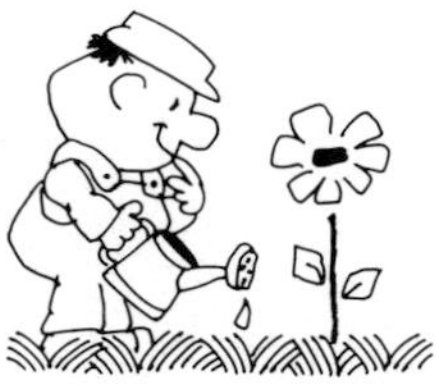
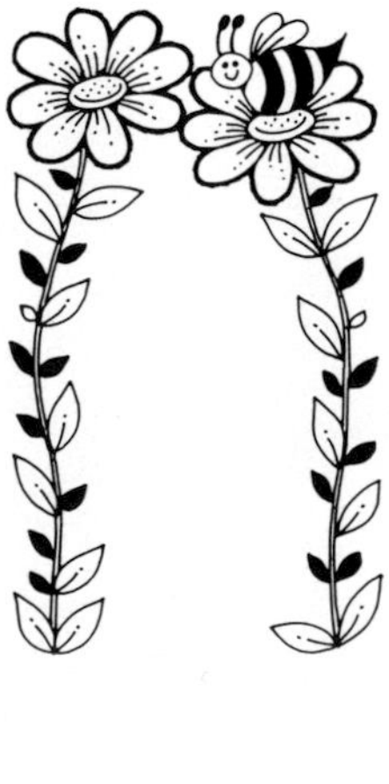
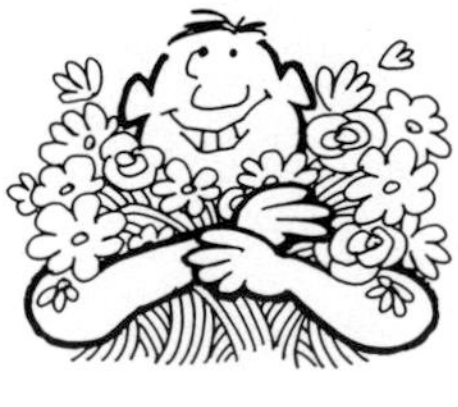

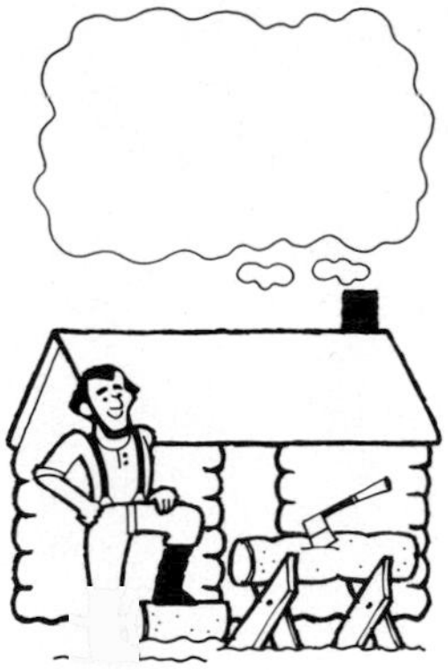
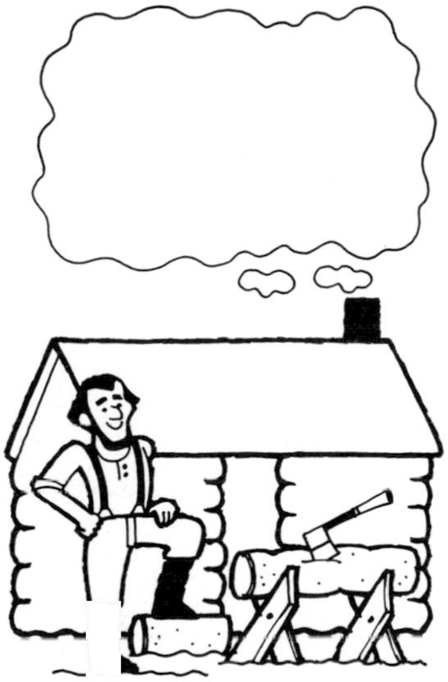
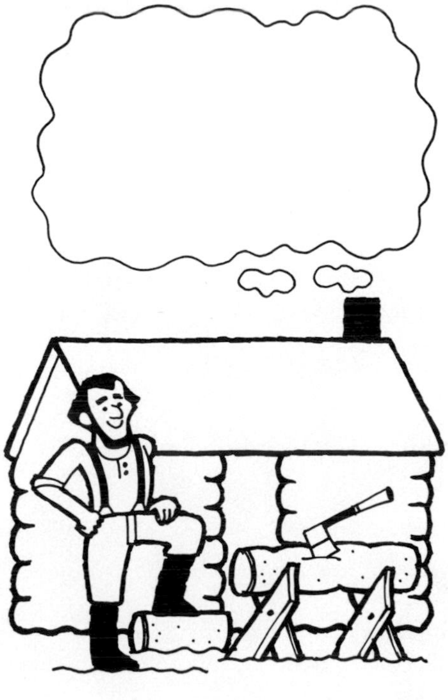
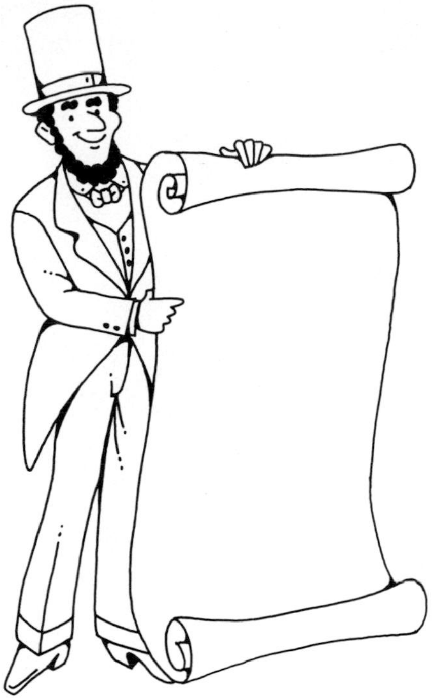
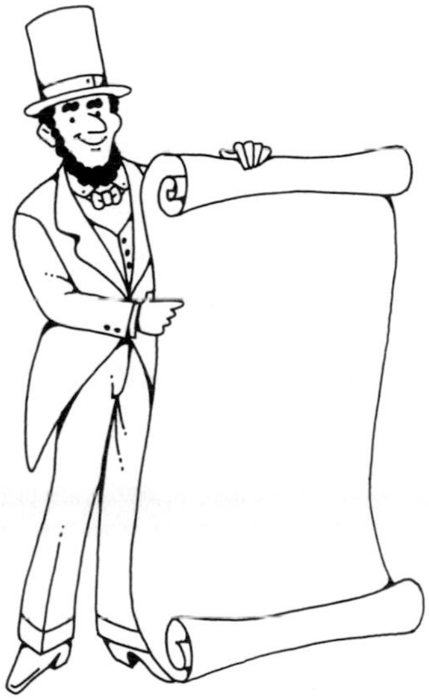
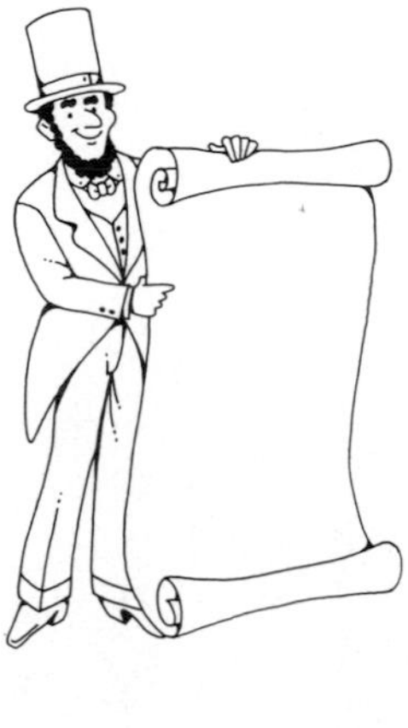
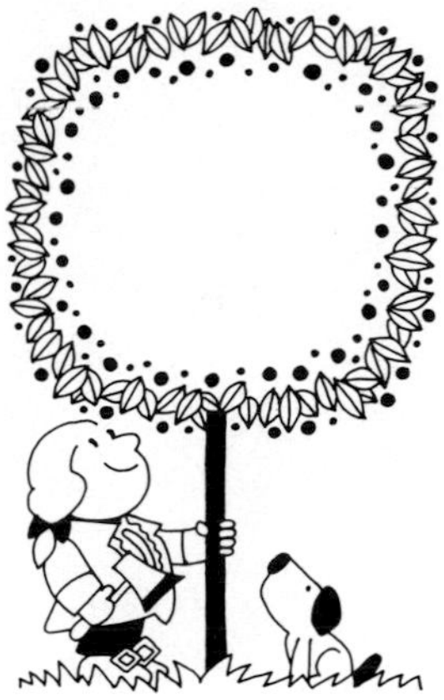
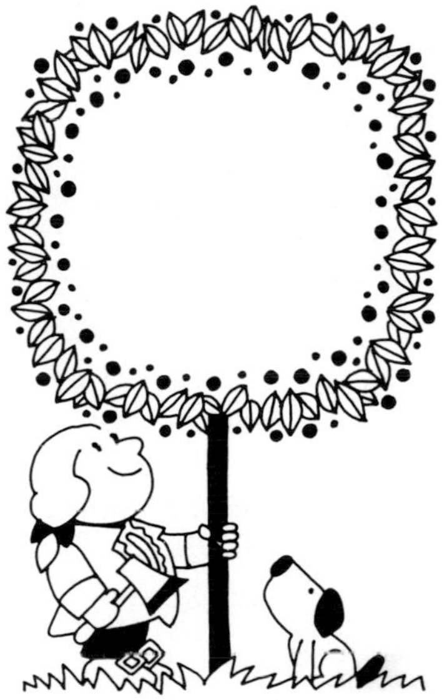
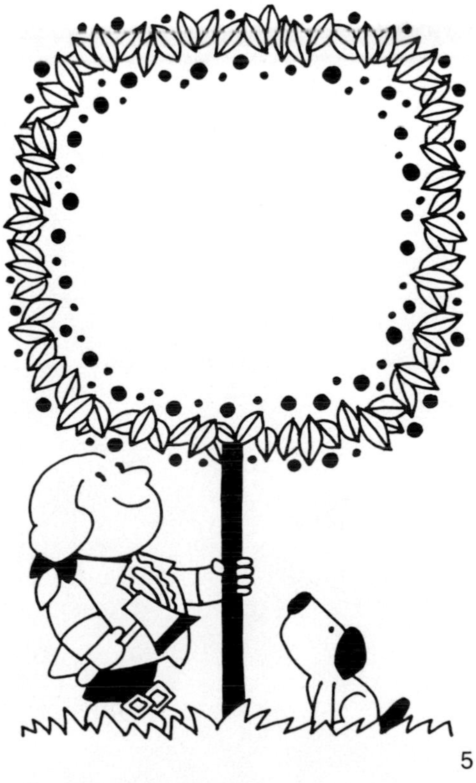

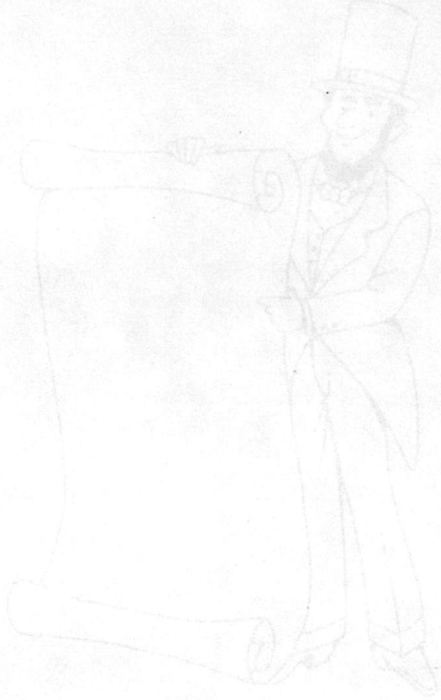

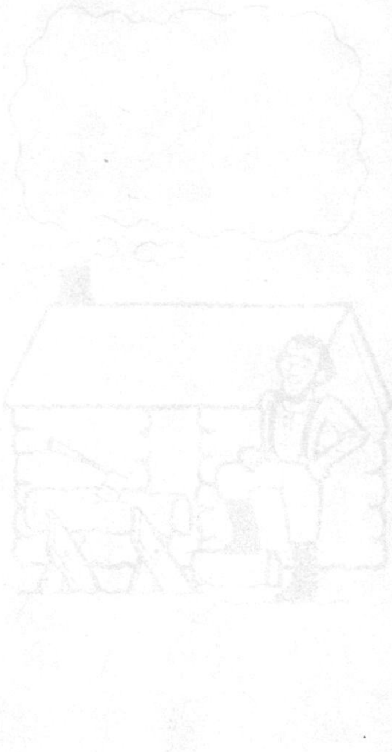

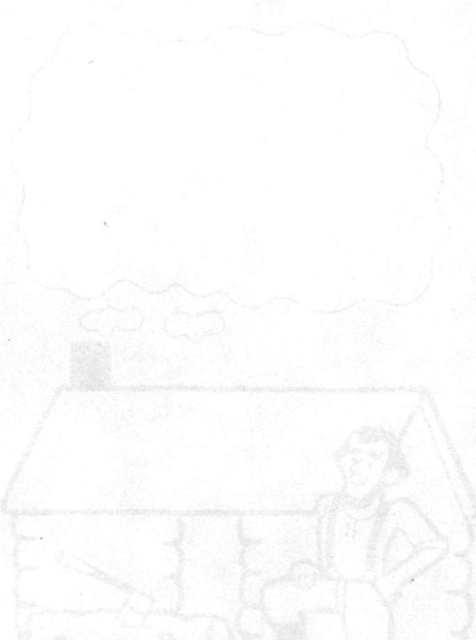

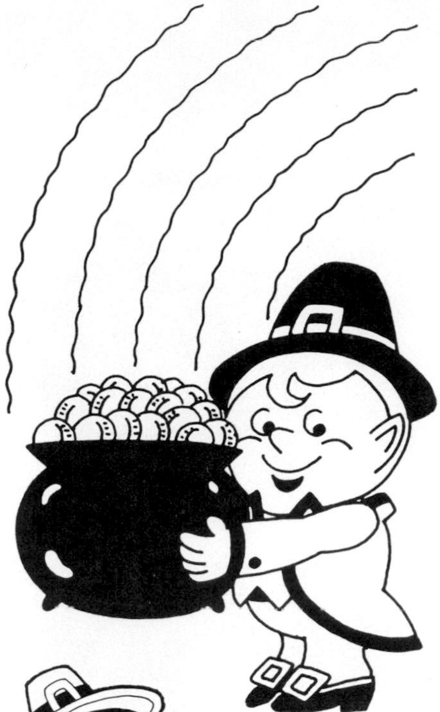

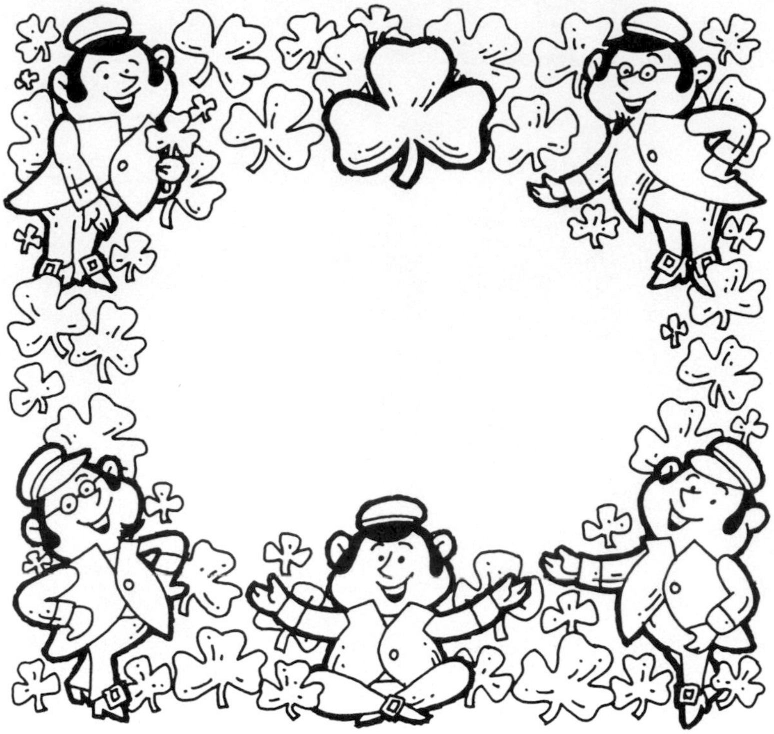

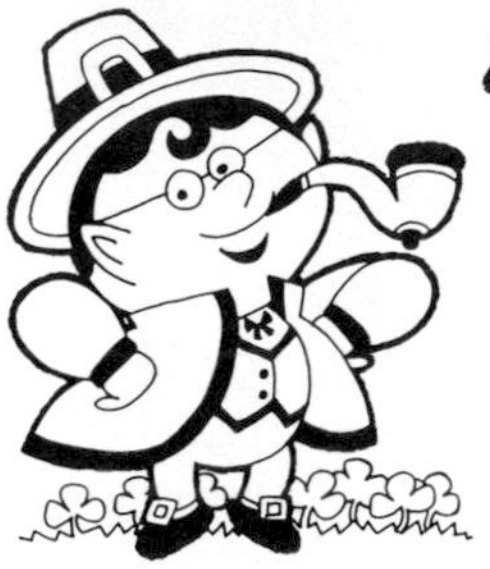

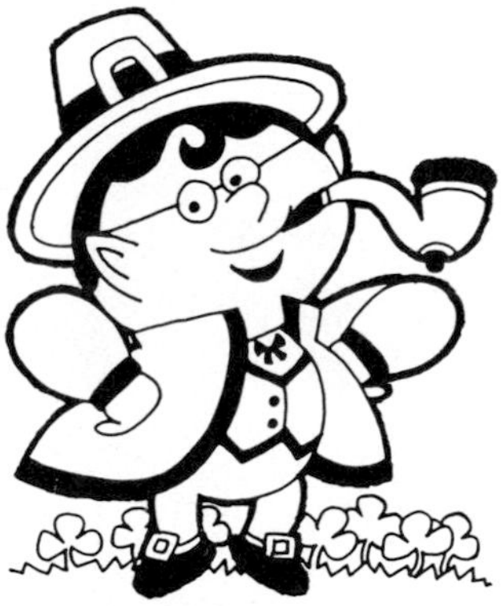

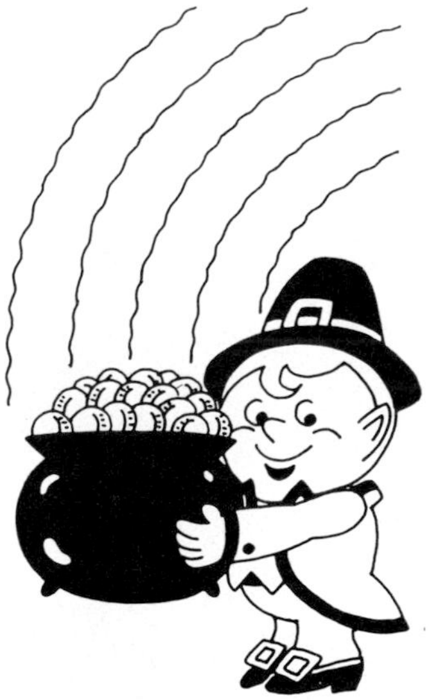

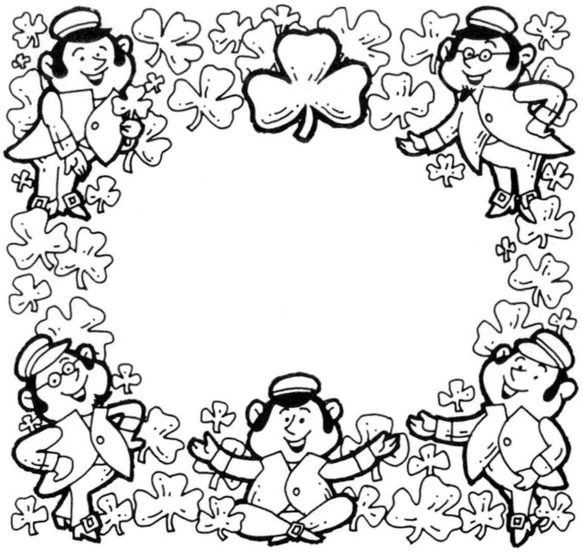

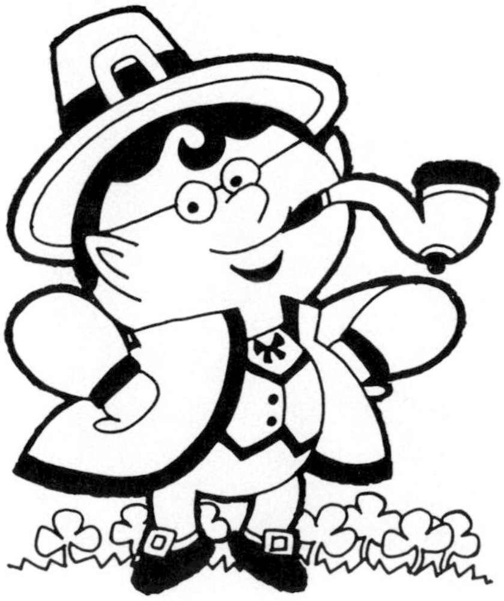

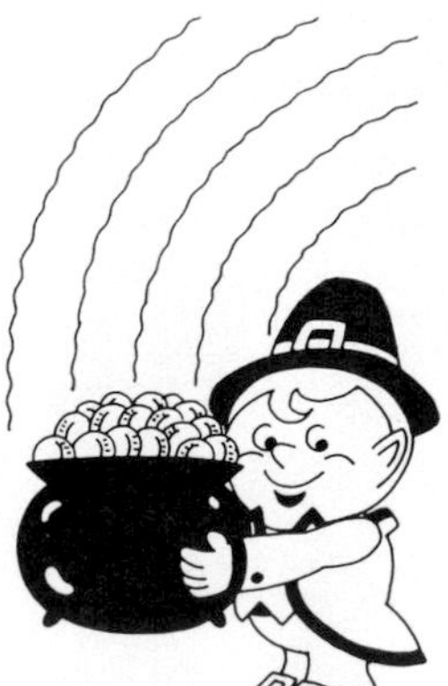

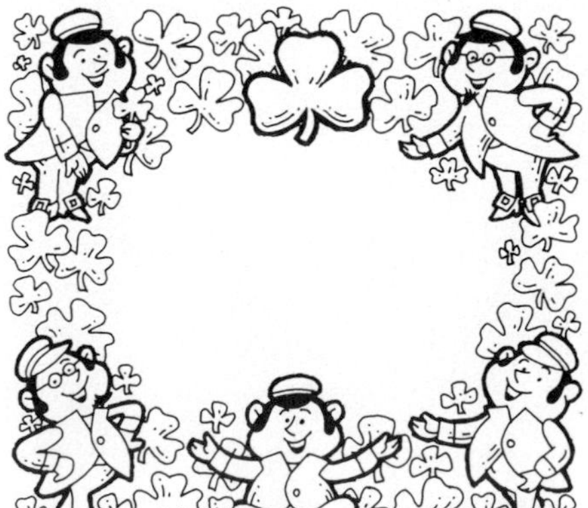

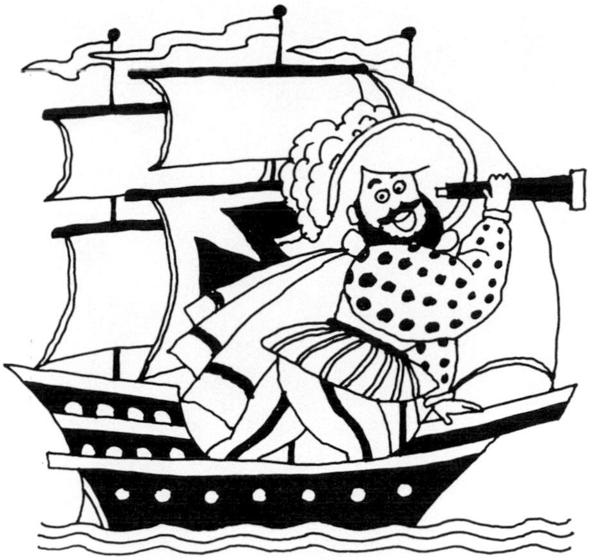
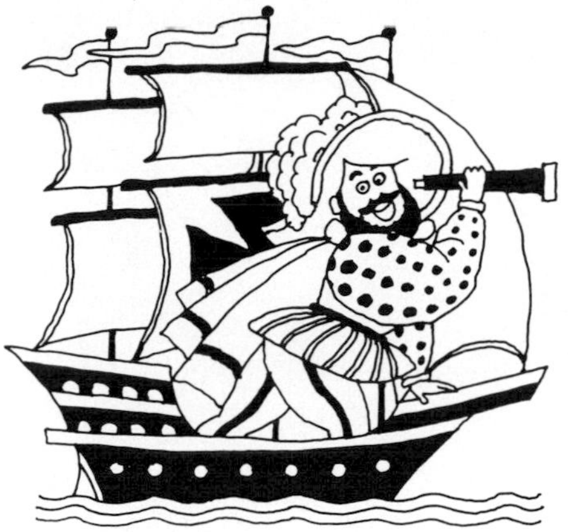
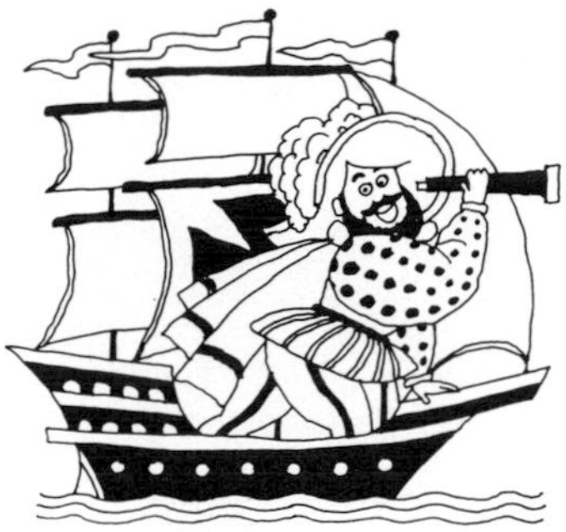
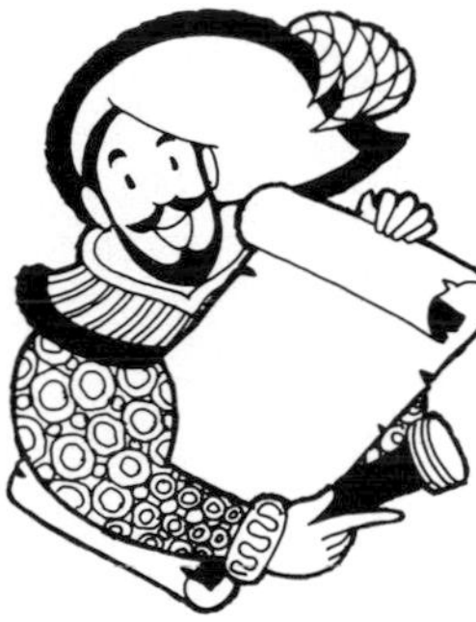
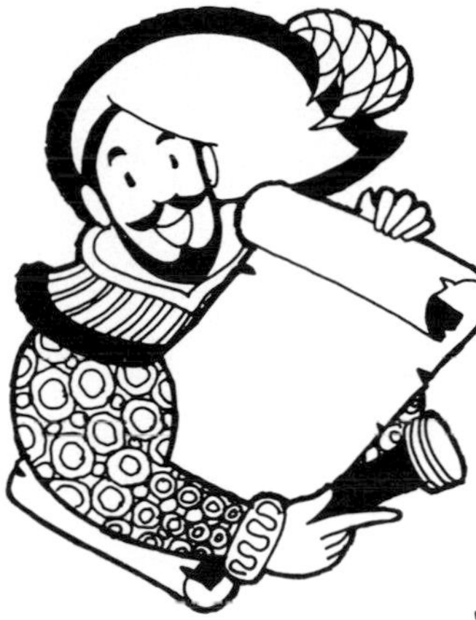
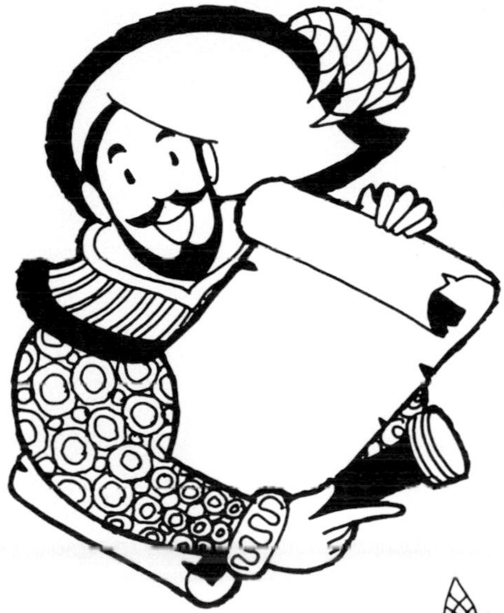
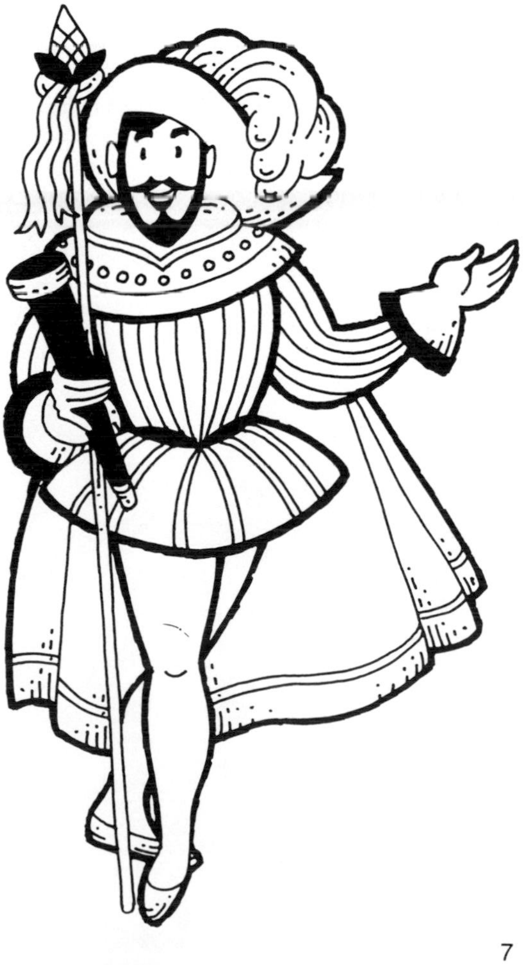
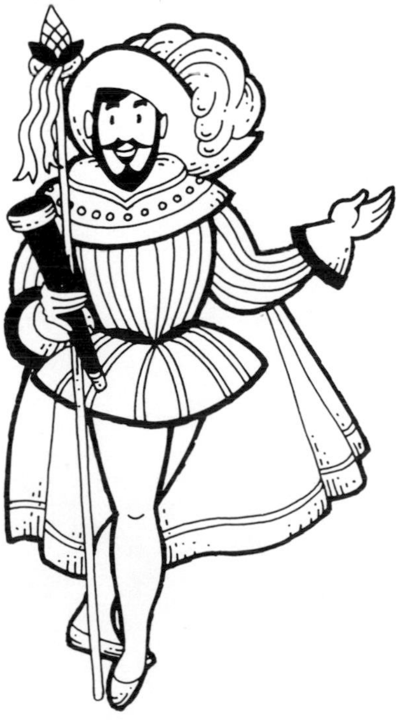
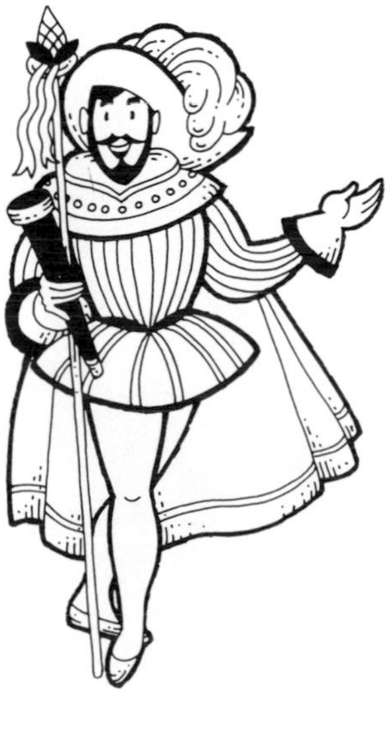

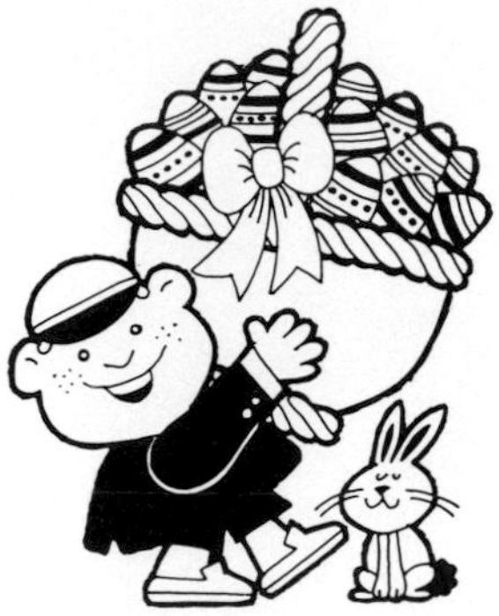
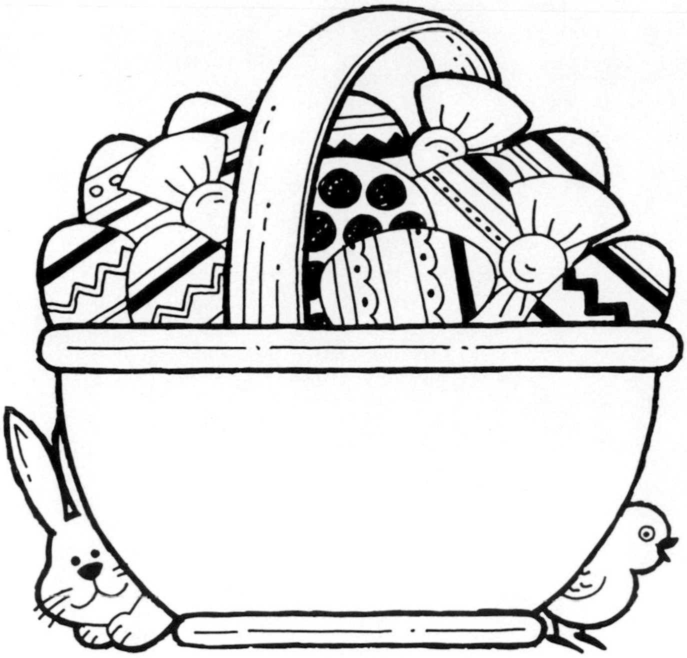
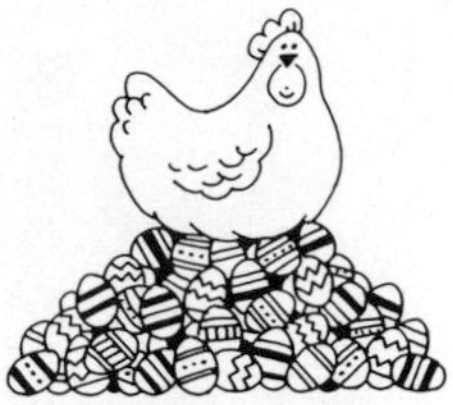
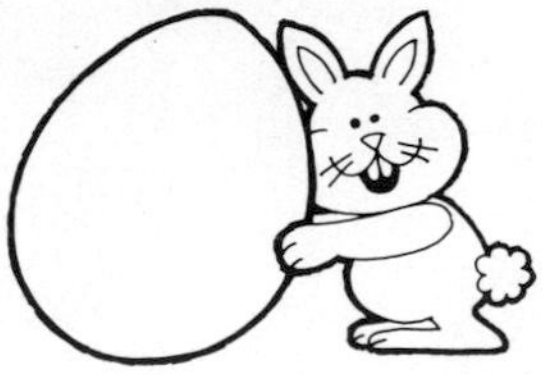
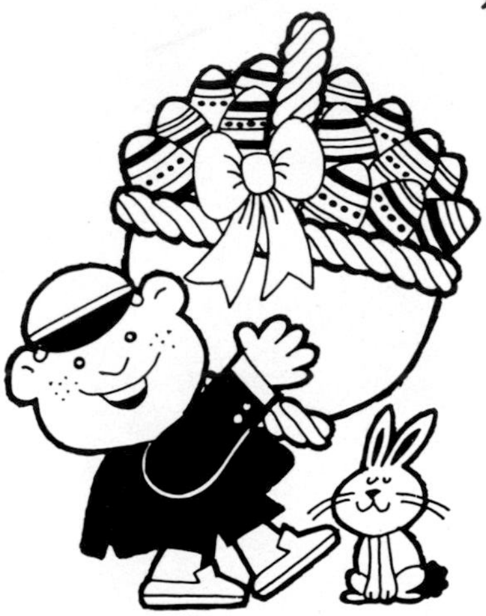
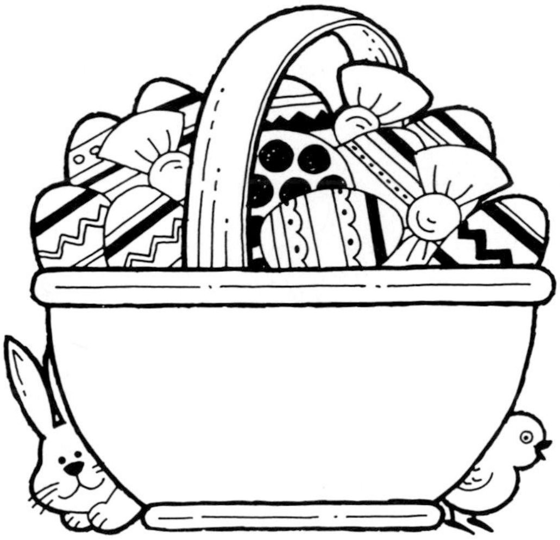
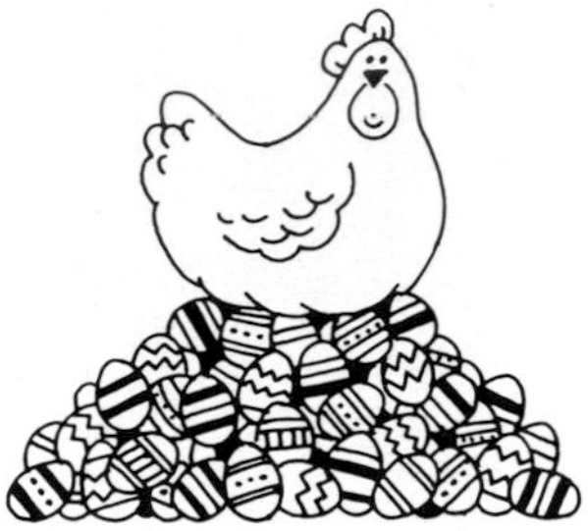
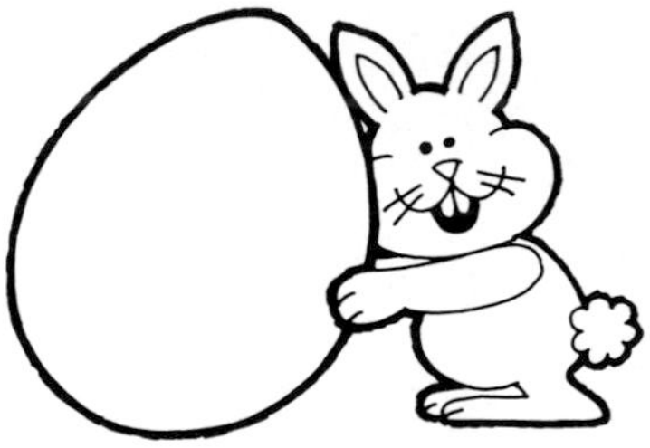
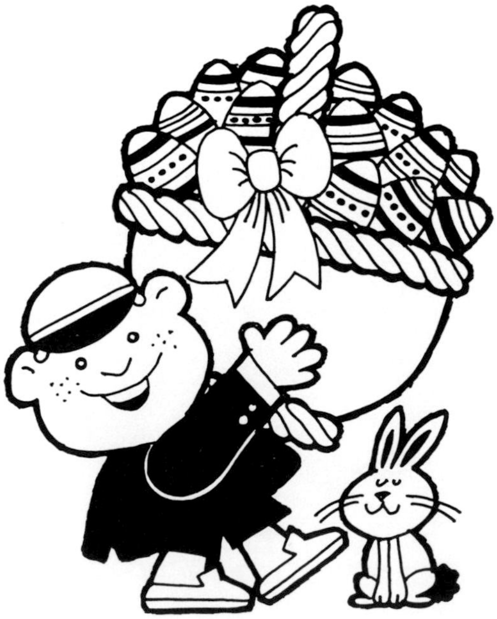
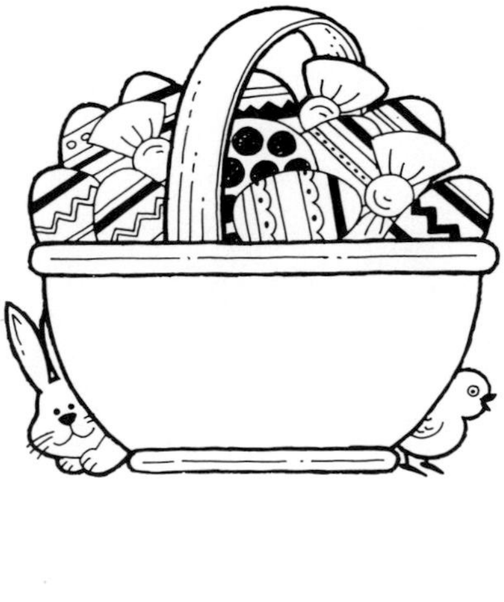
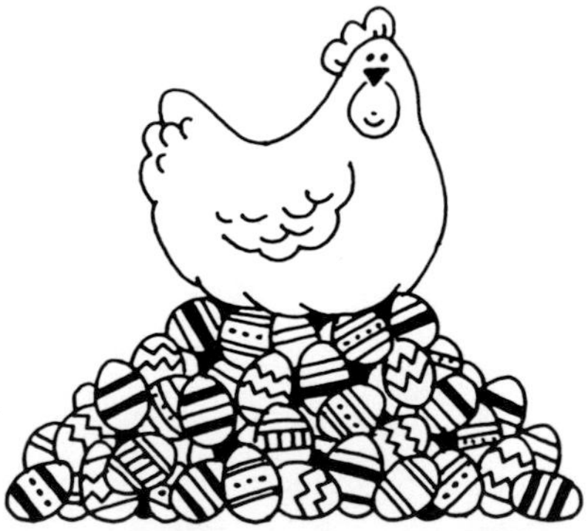
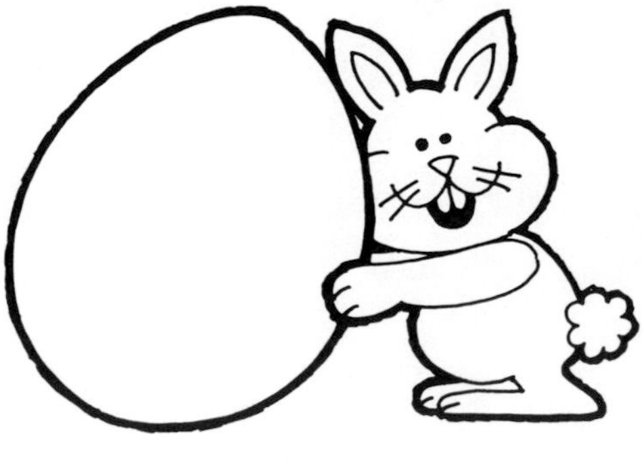

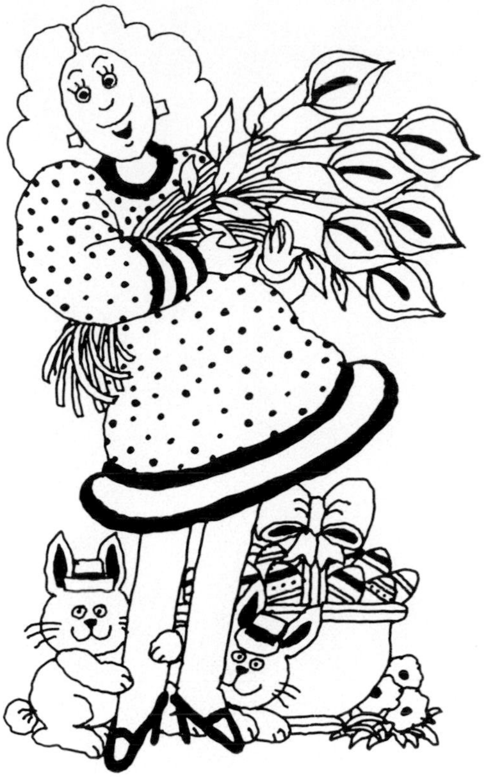
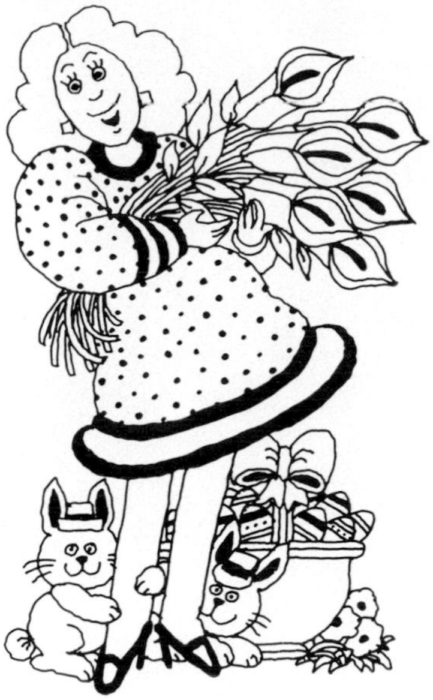
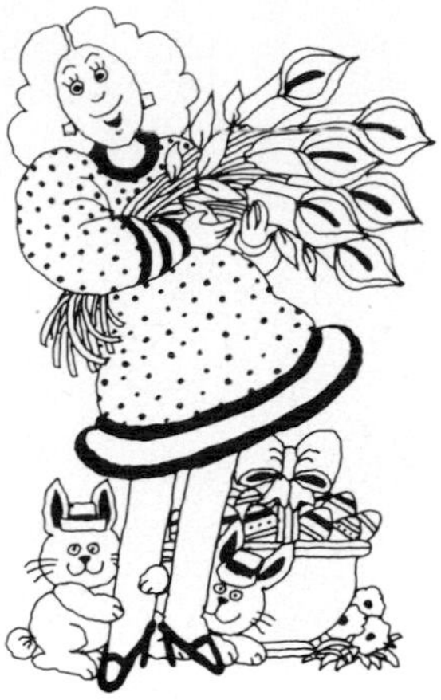
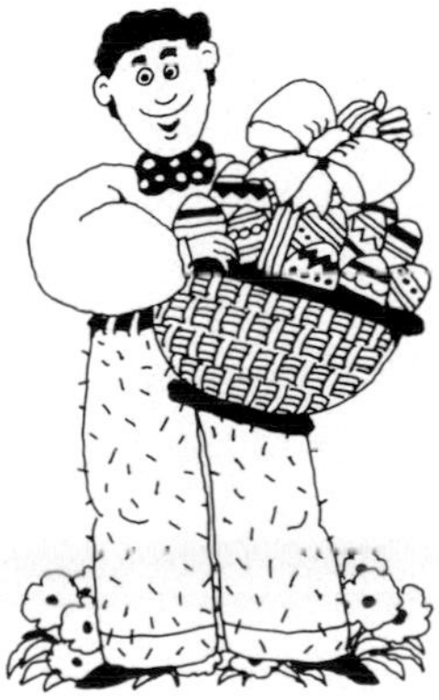
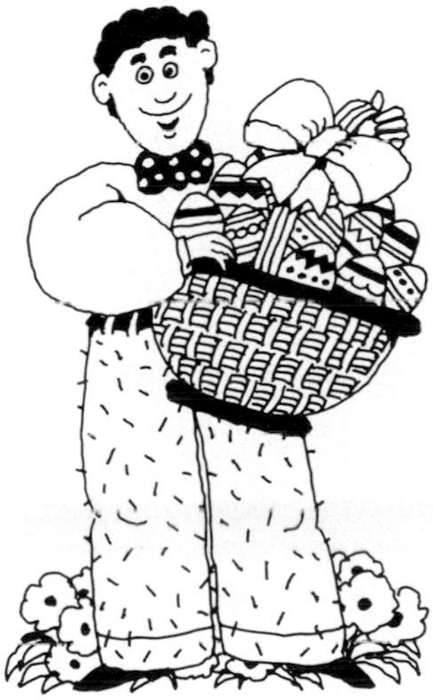
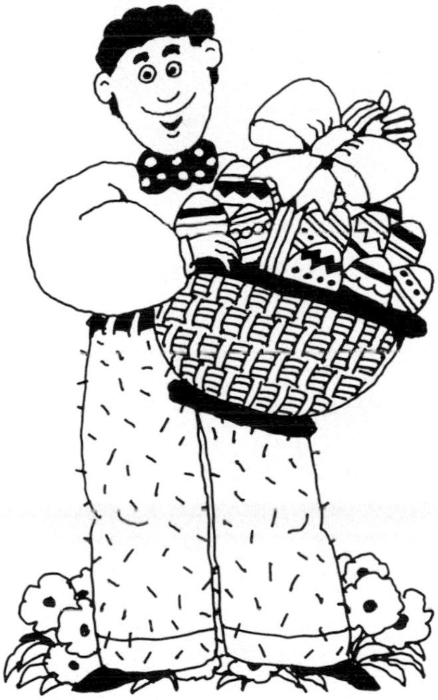
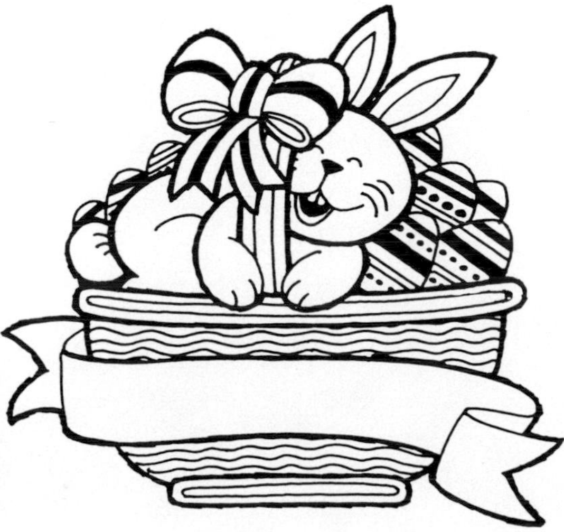
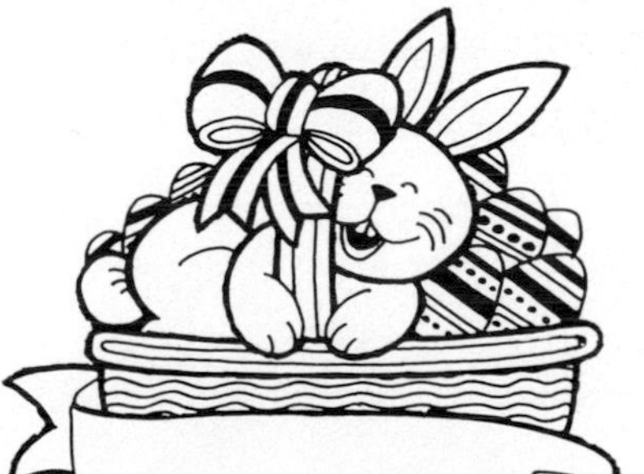
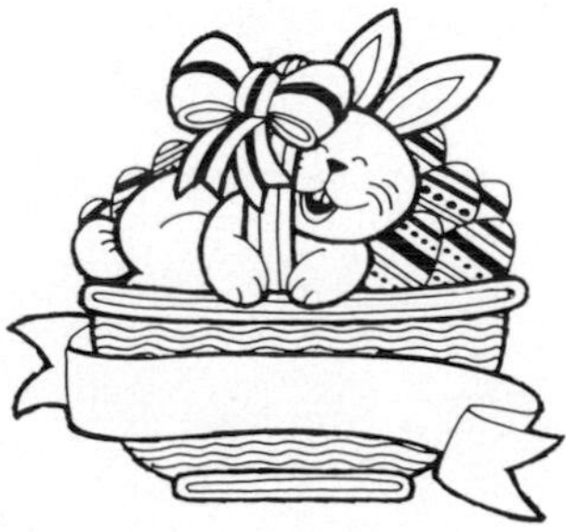

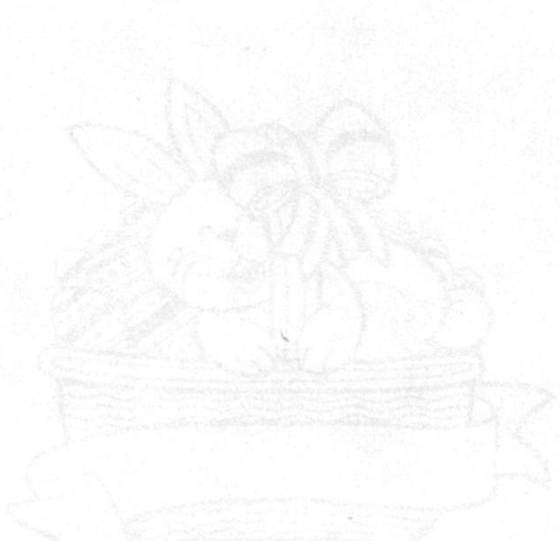

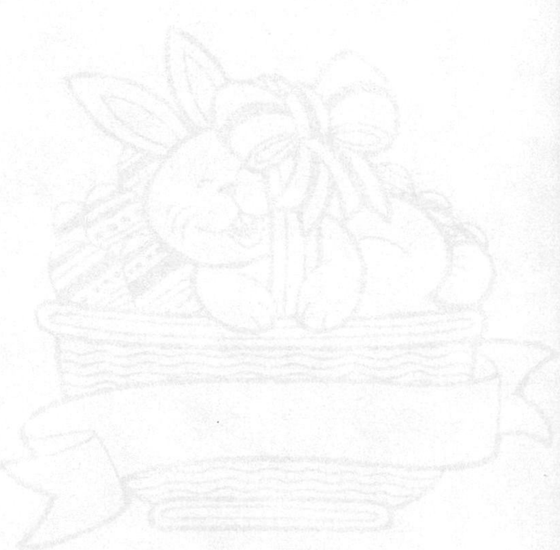

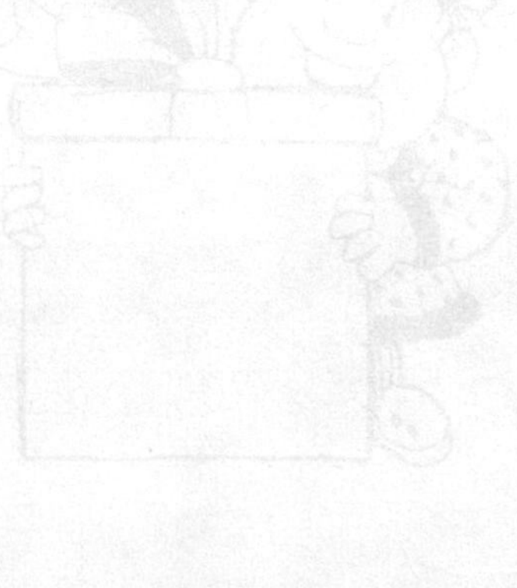

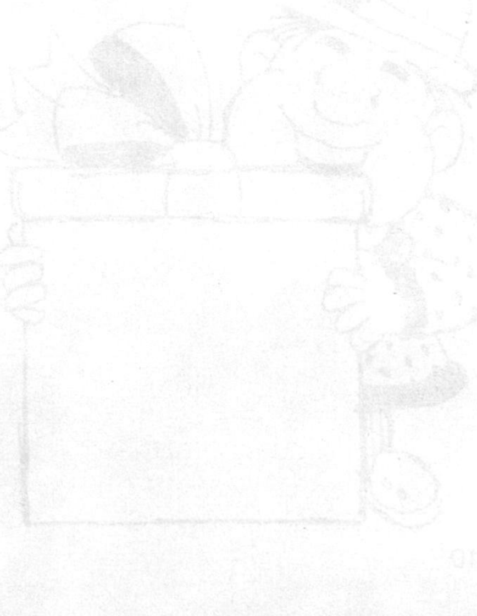

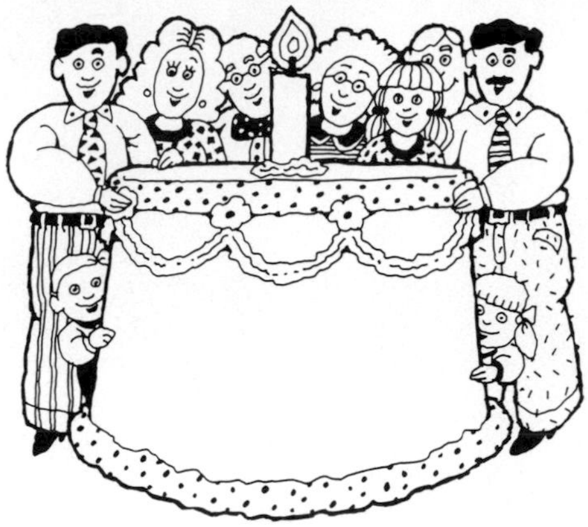
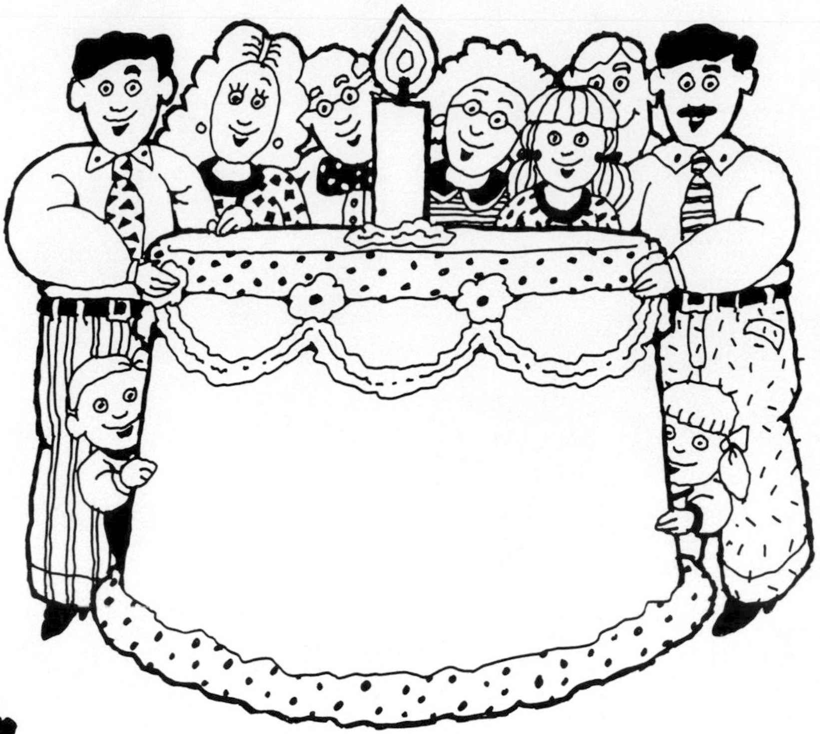
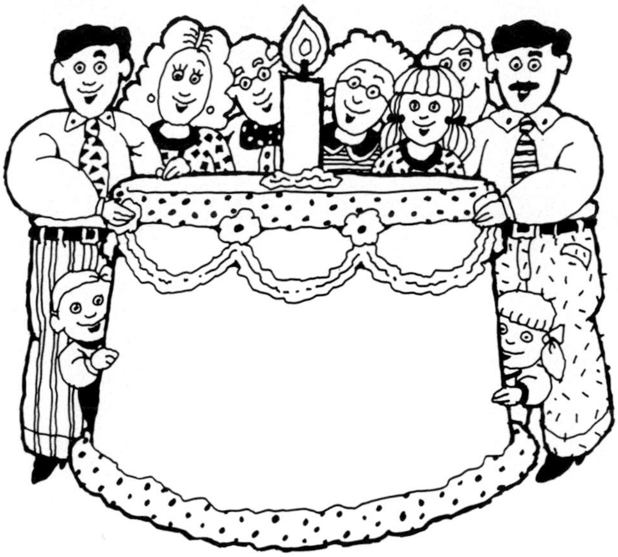
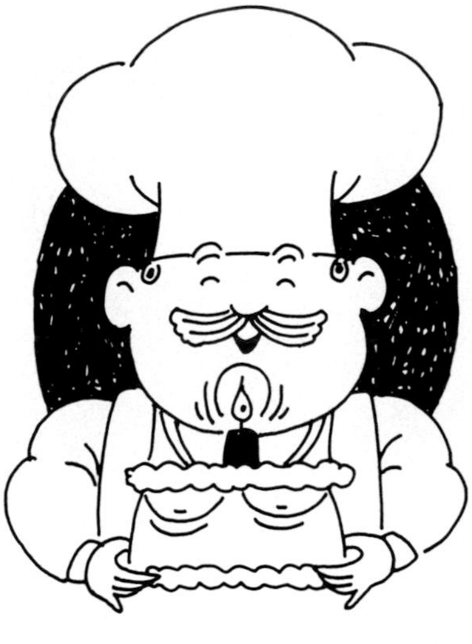
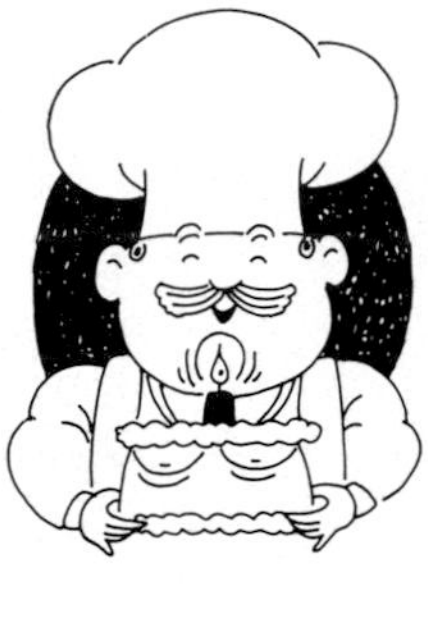
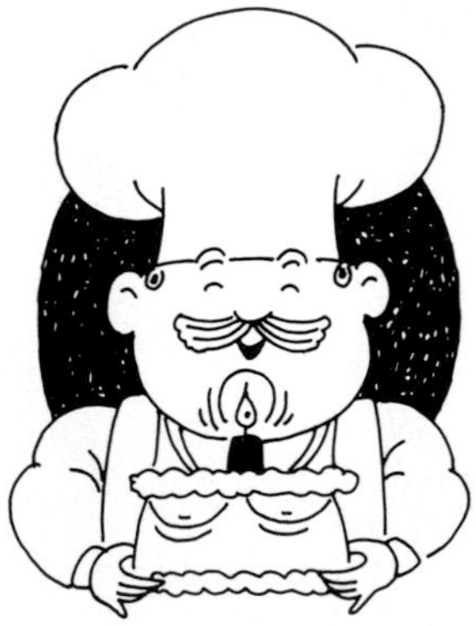
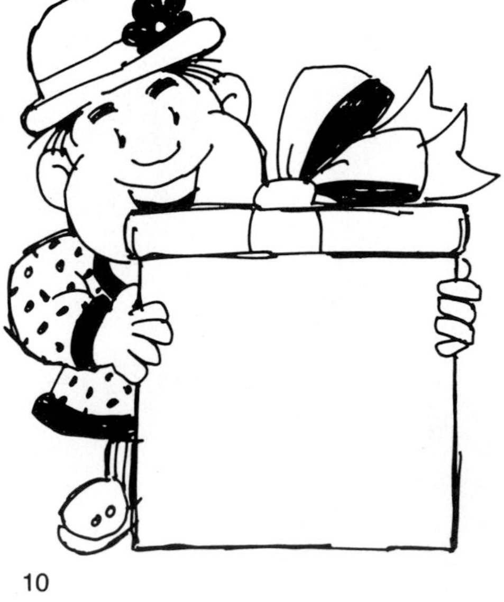
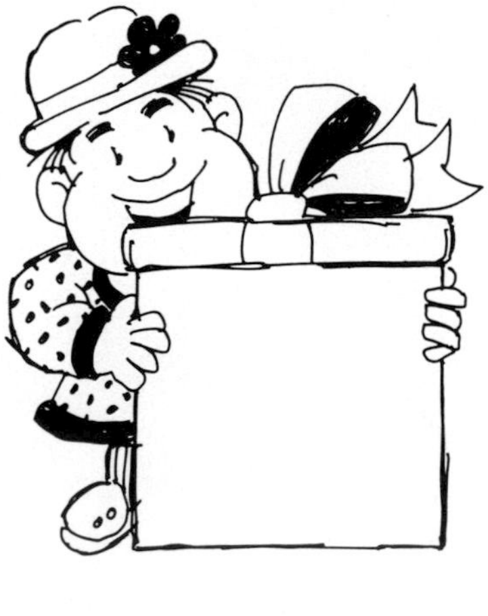
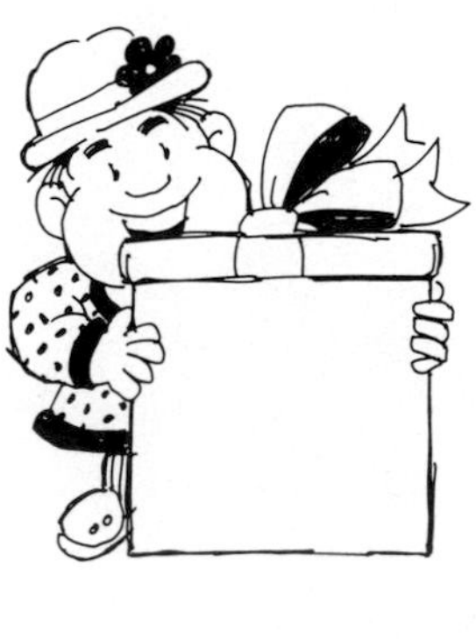

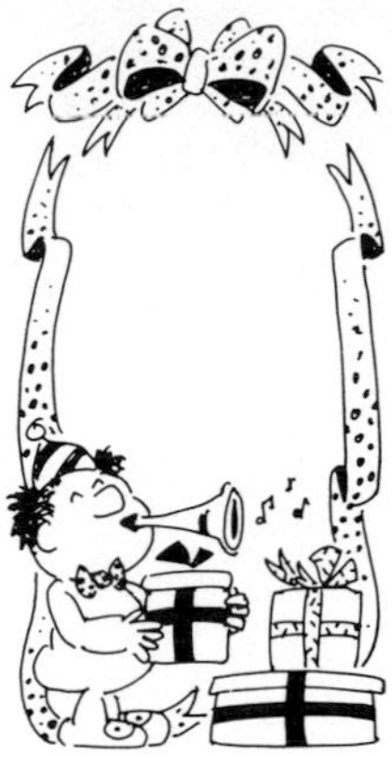
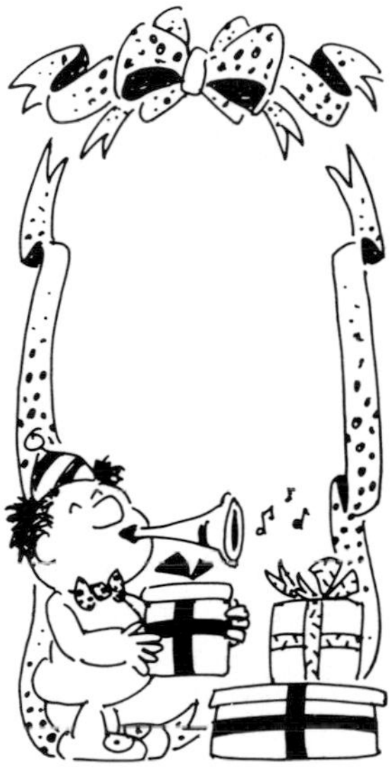
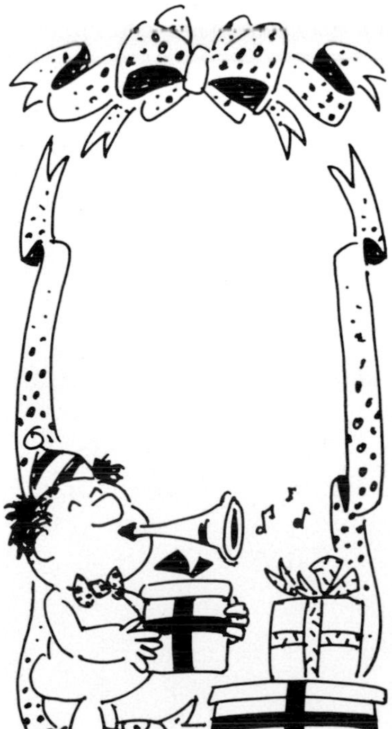
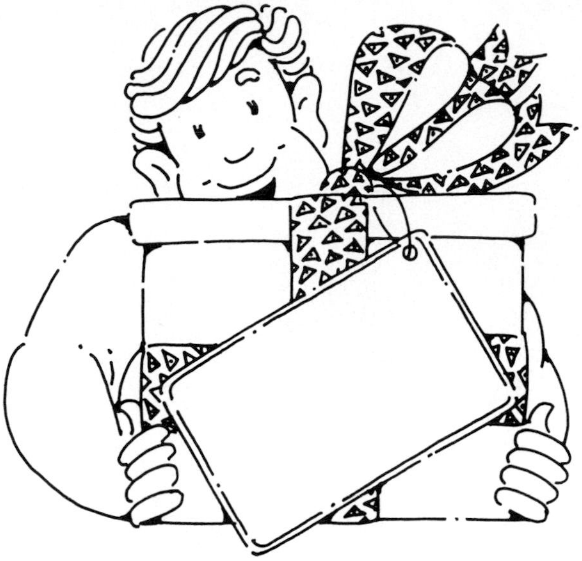
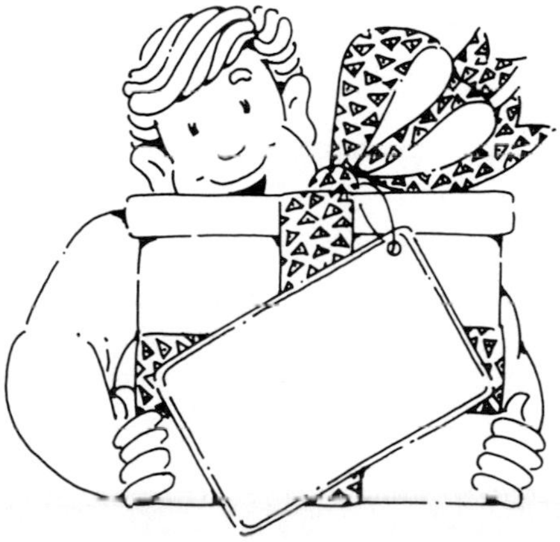
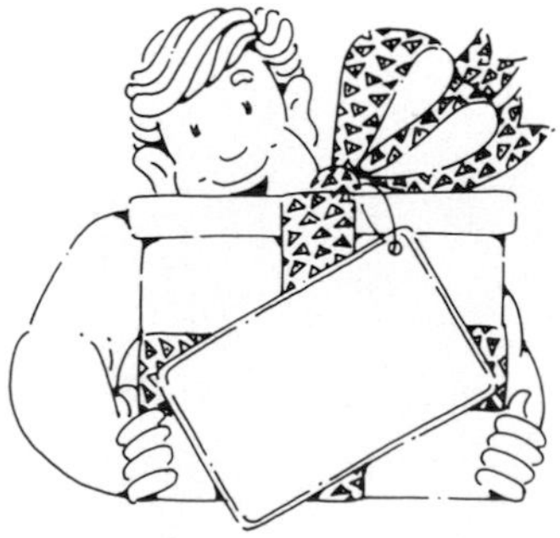

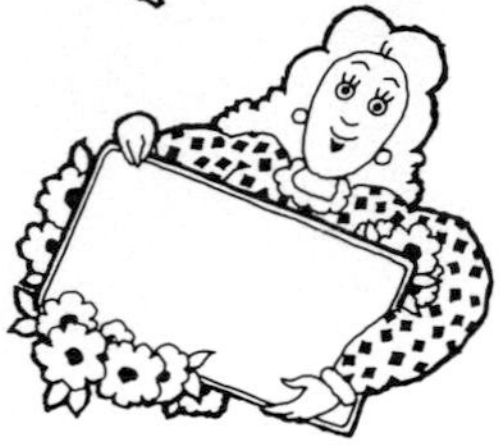
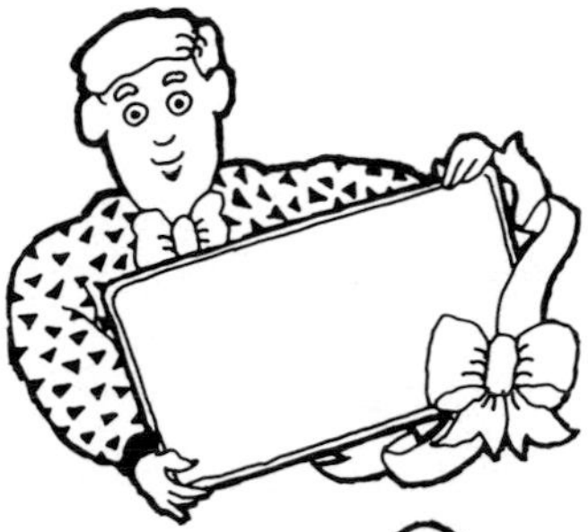
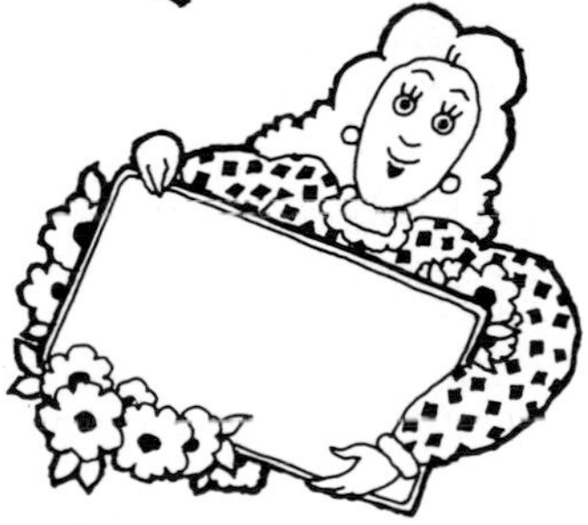
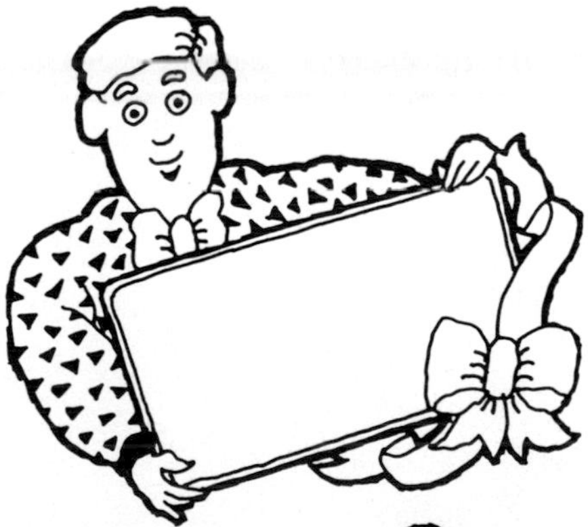
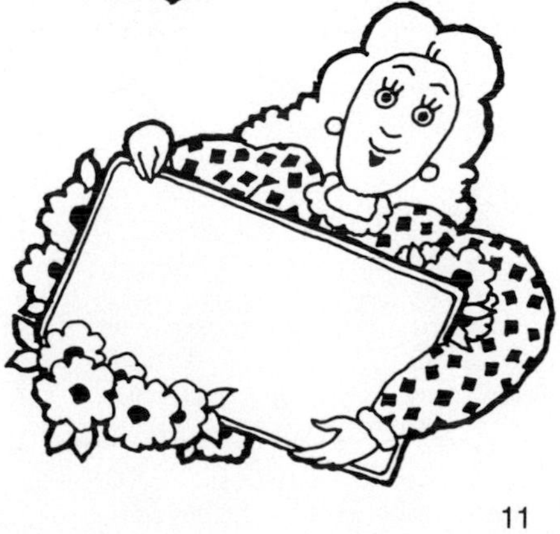

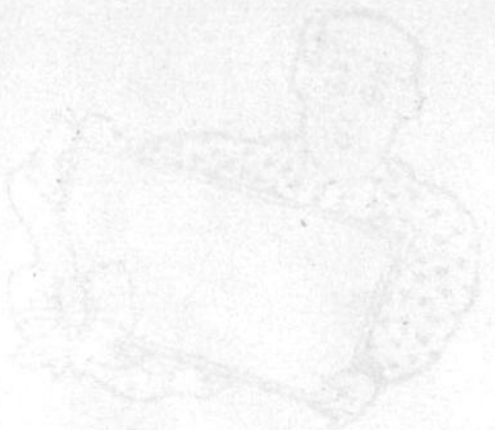

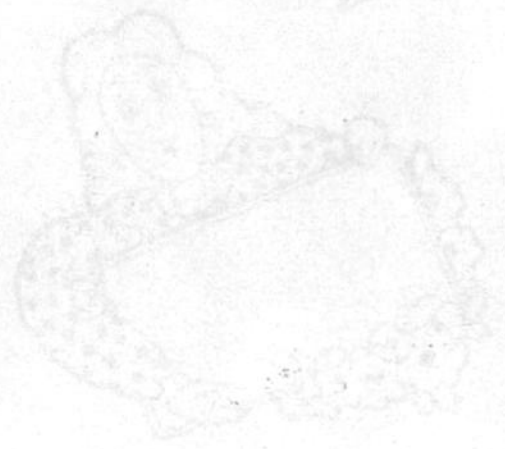

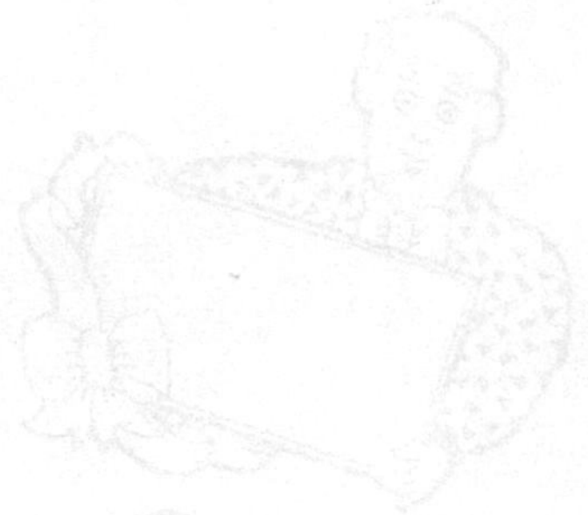

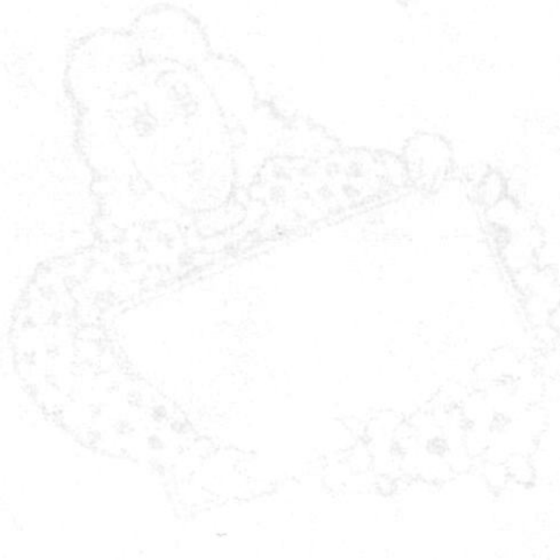

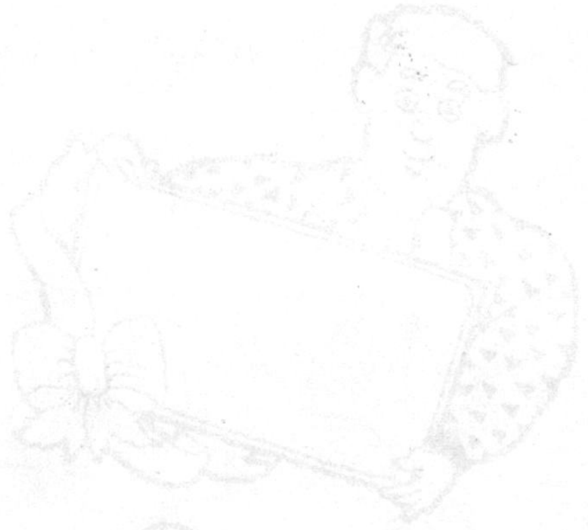

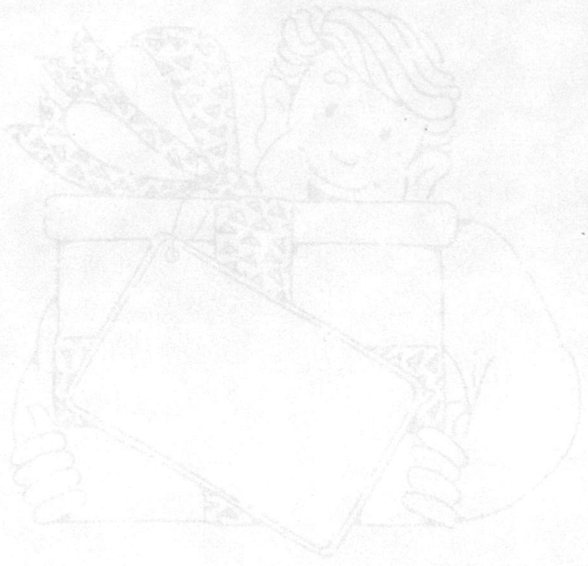

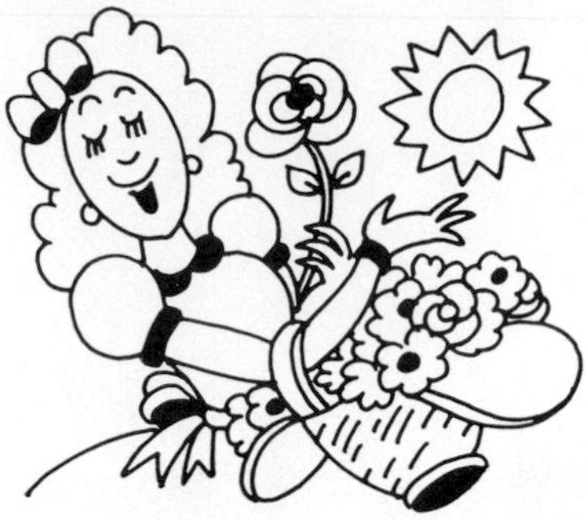
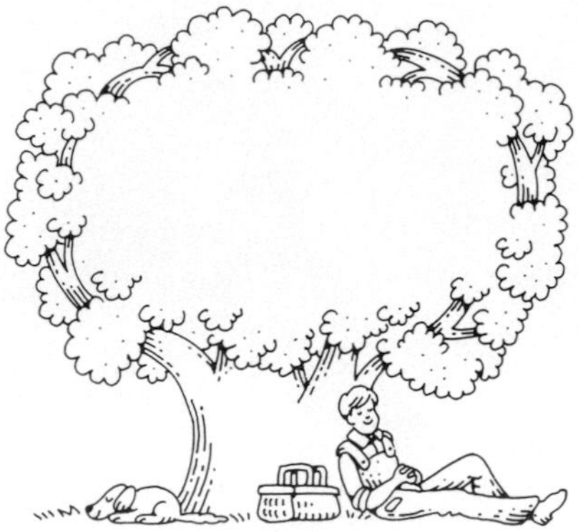
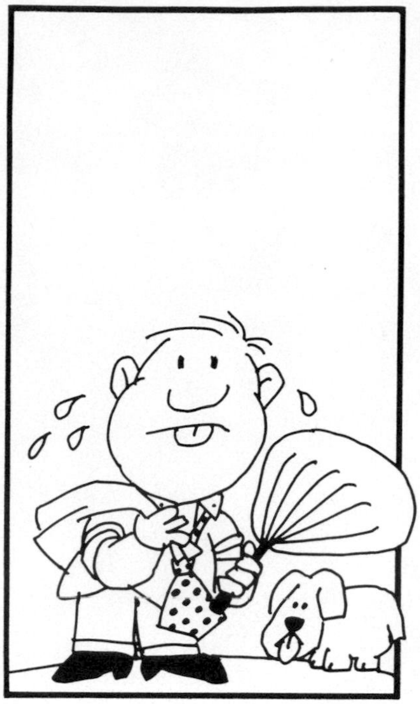
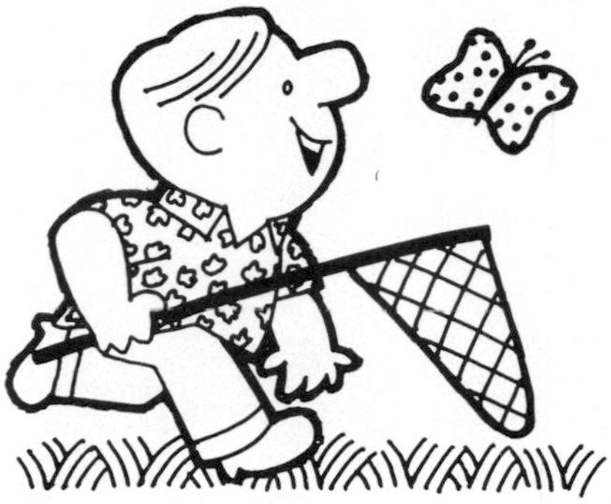
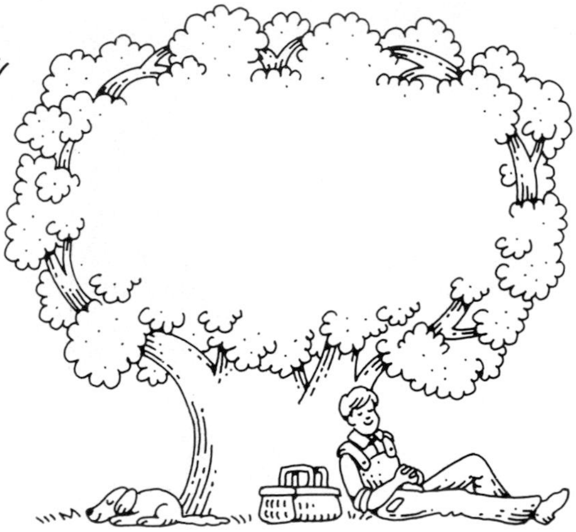
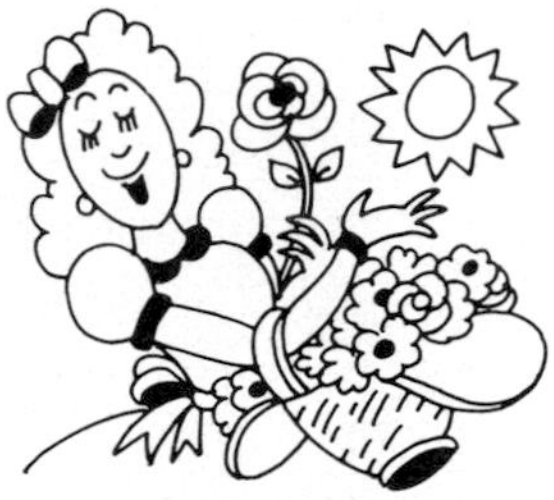
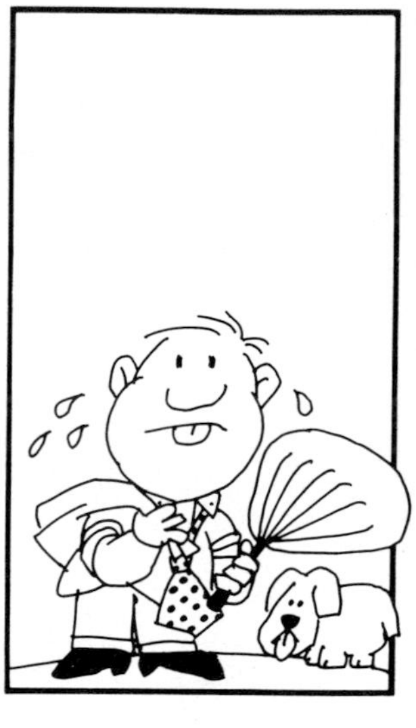
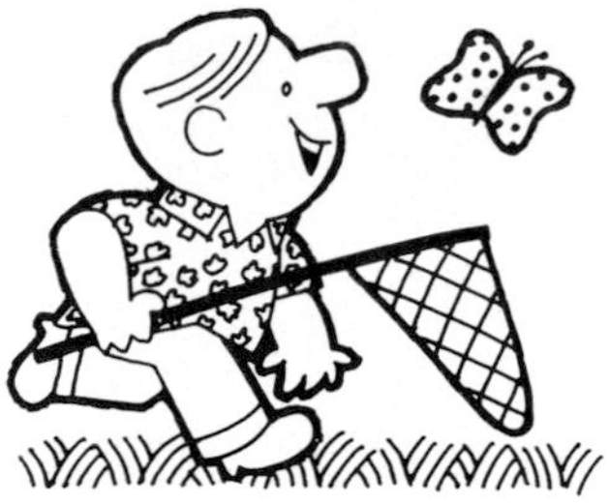
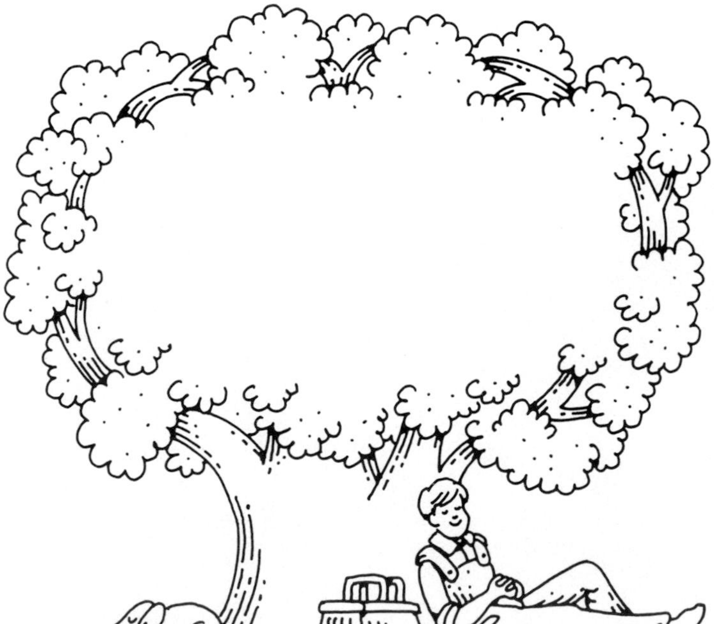
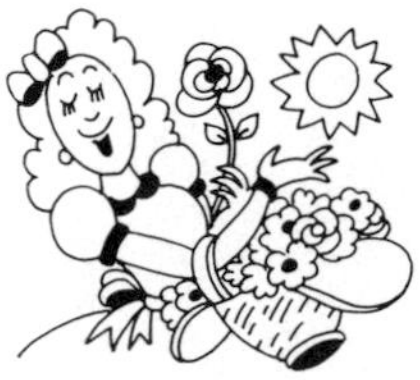
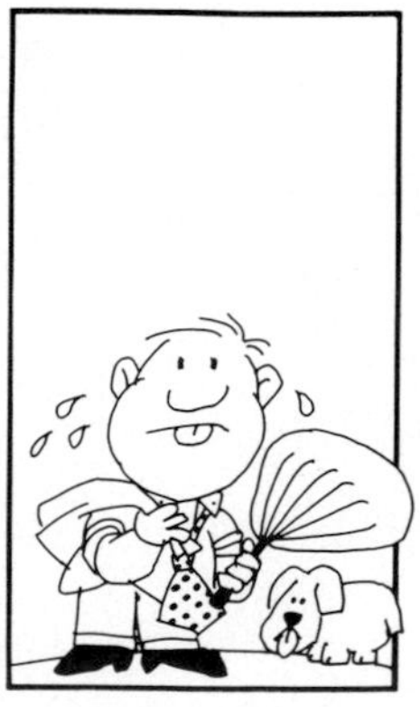
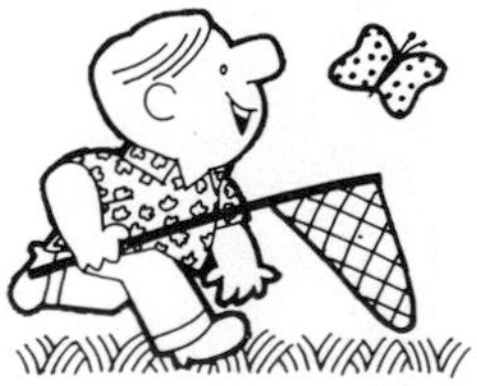

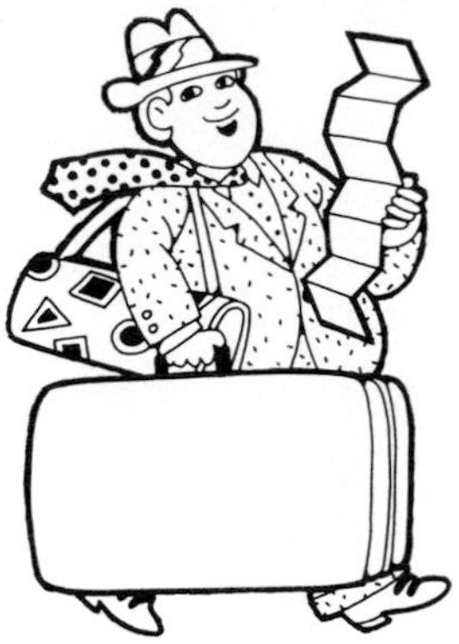
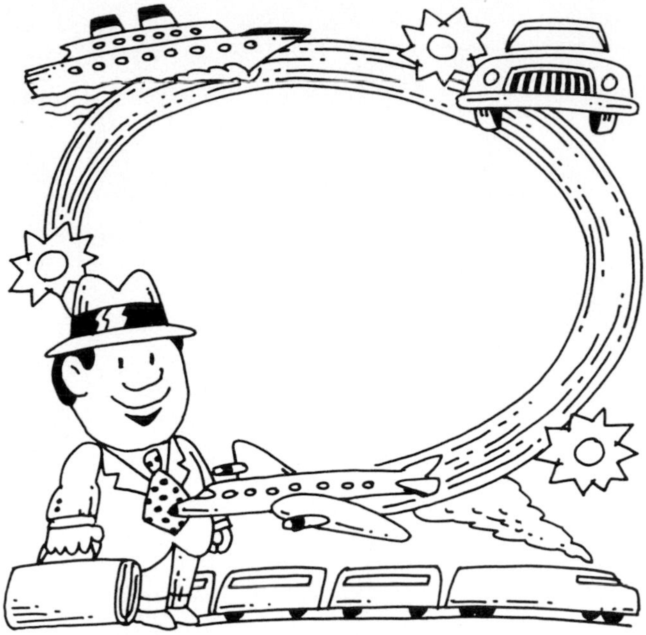

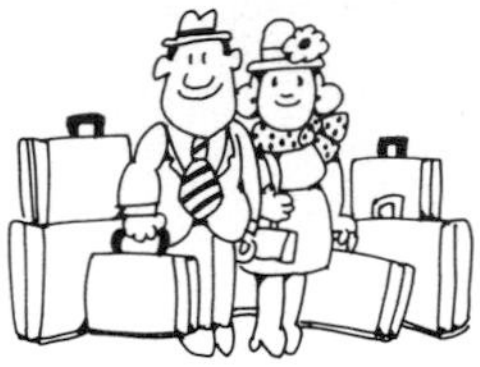
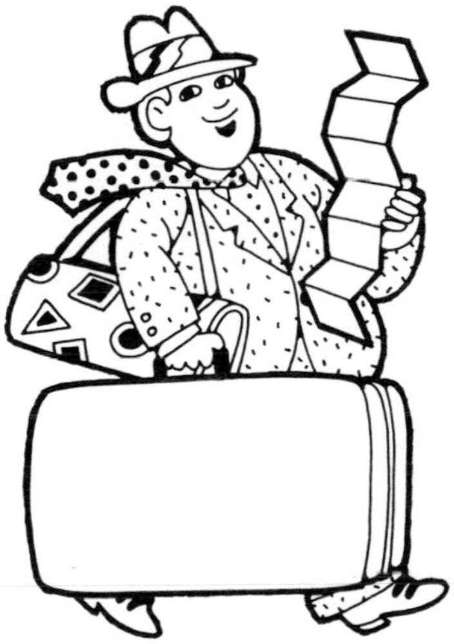
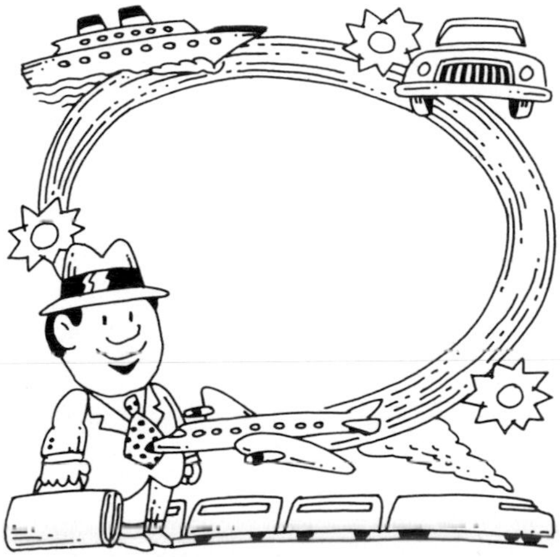

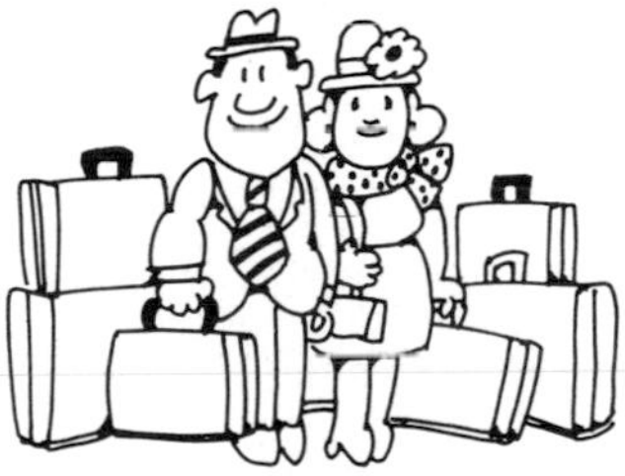
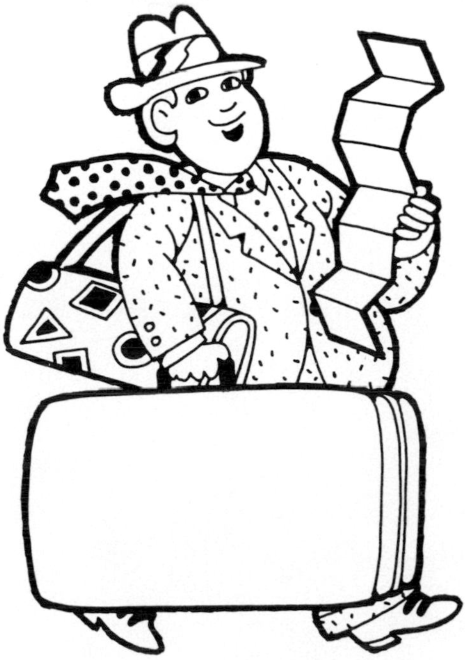
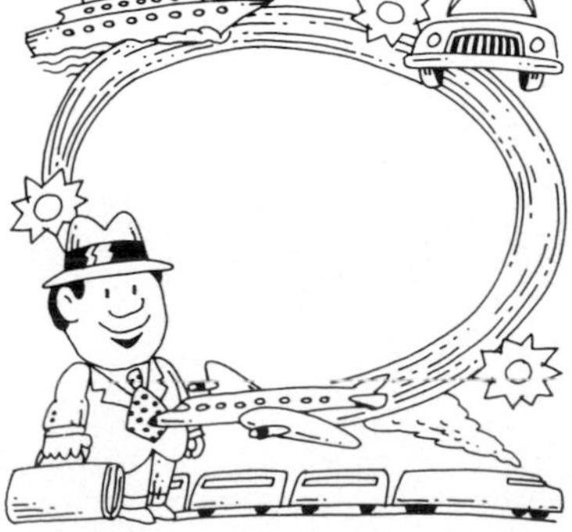

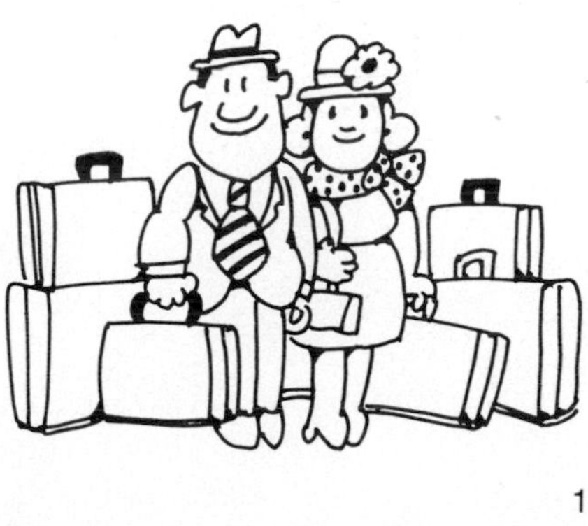

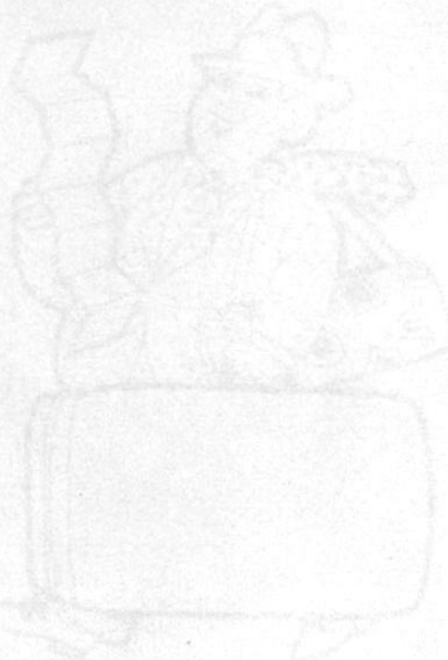

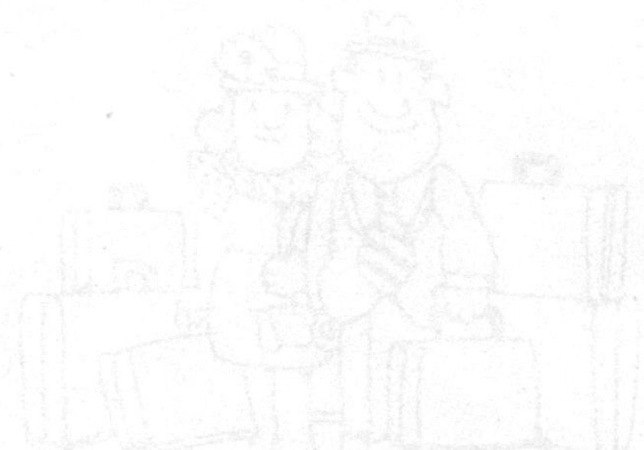

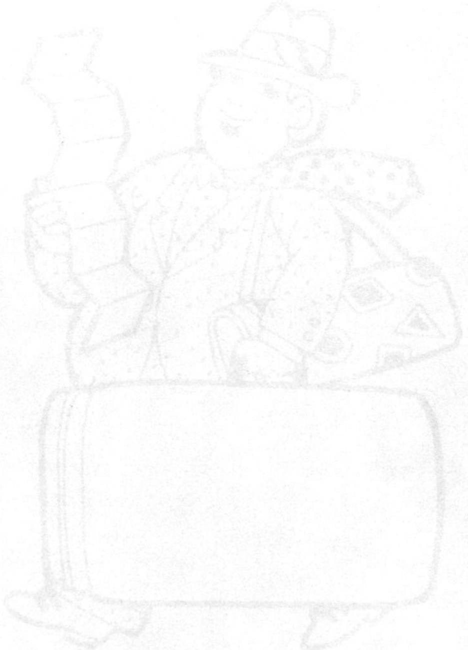

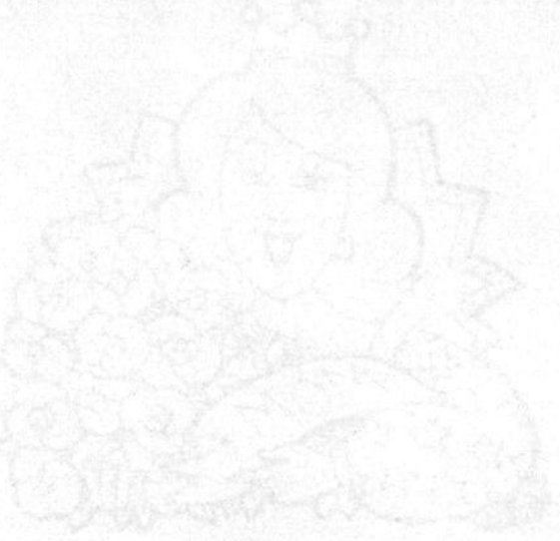

MOM

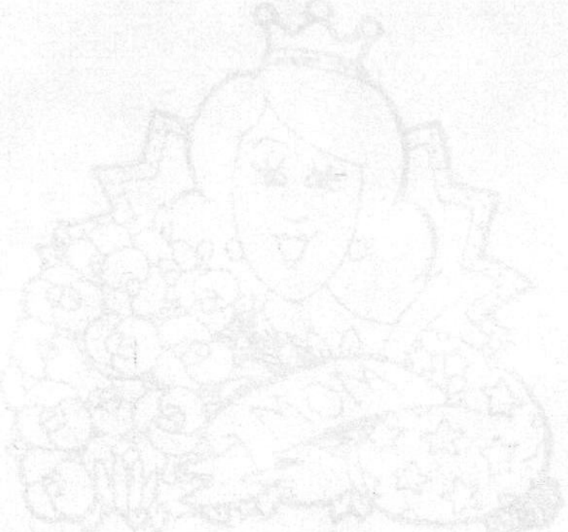

MOM

MOM

MOM

MOM

MOM

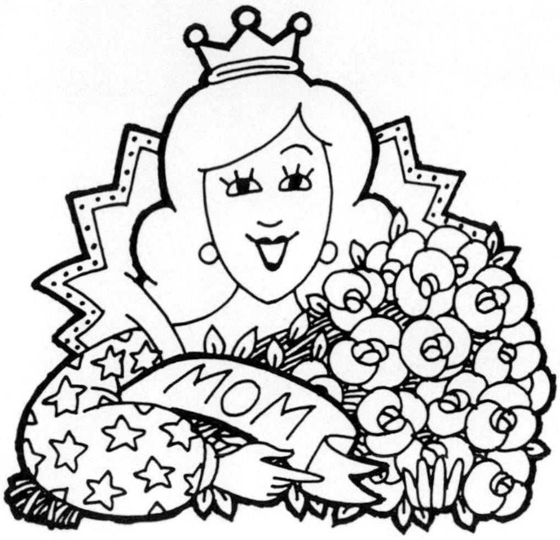
MOM

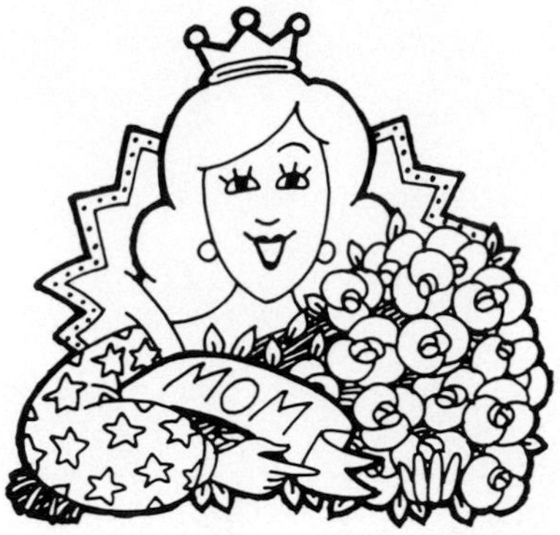
MOM

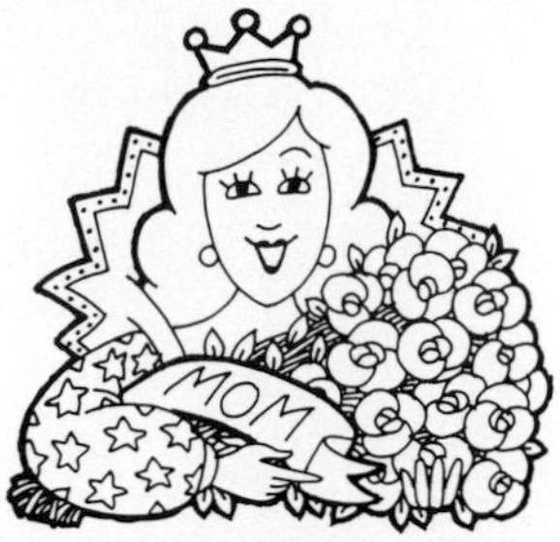
MOM

MOM

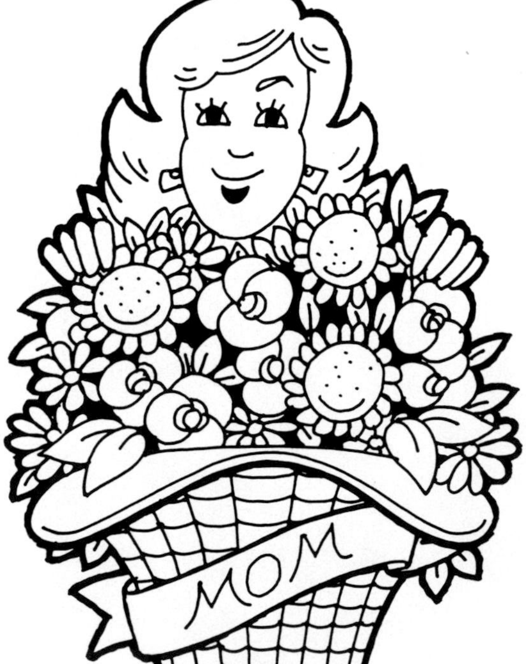
MOM

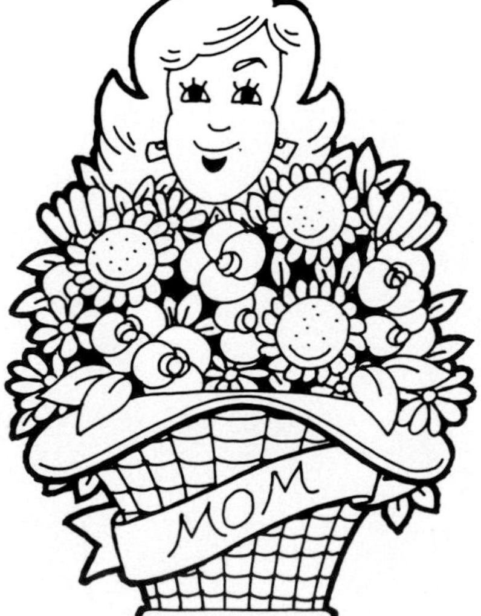
MOM

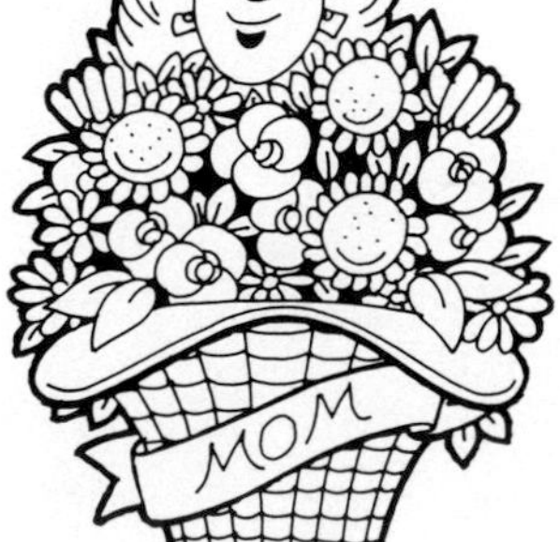
MOM

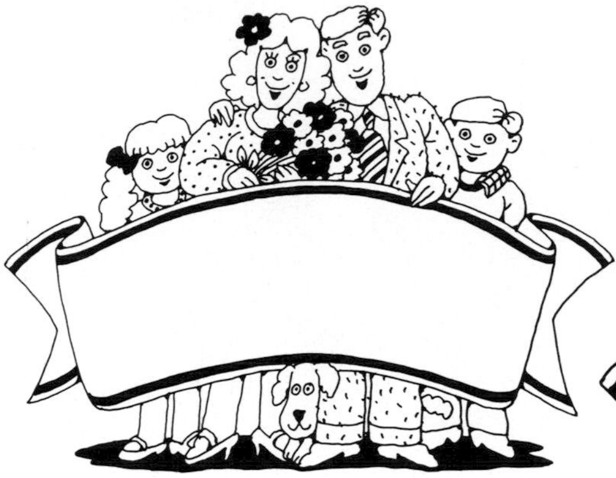

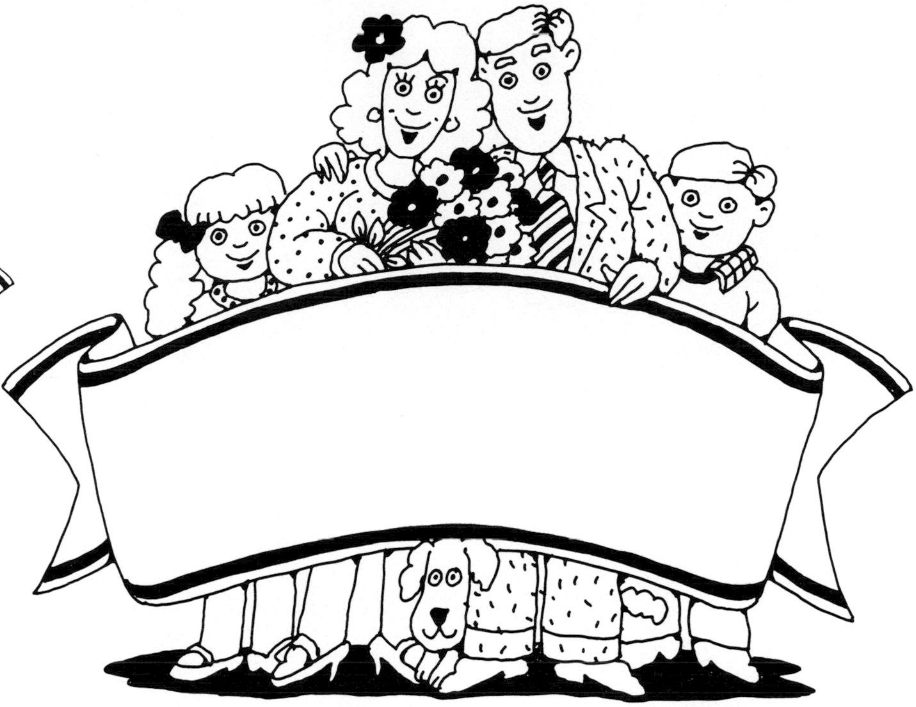

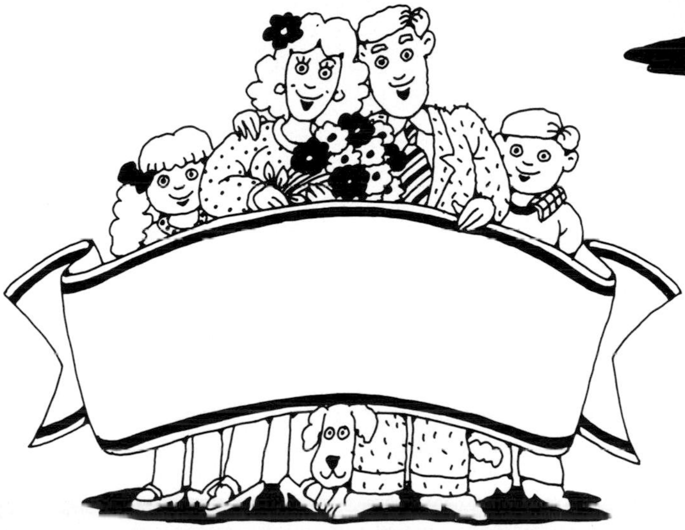

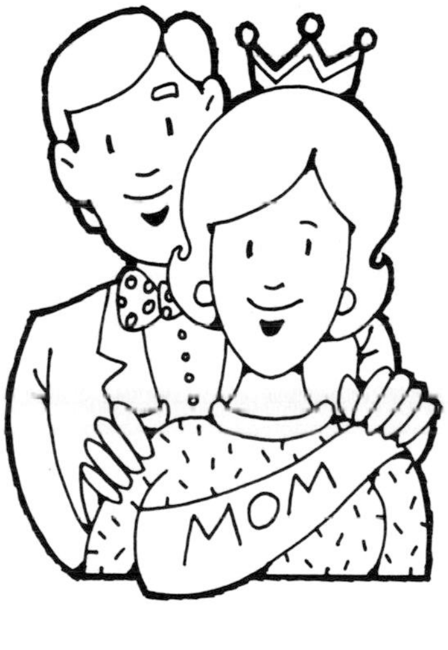
MOM

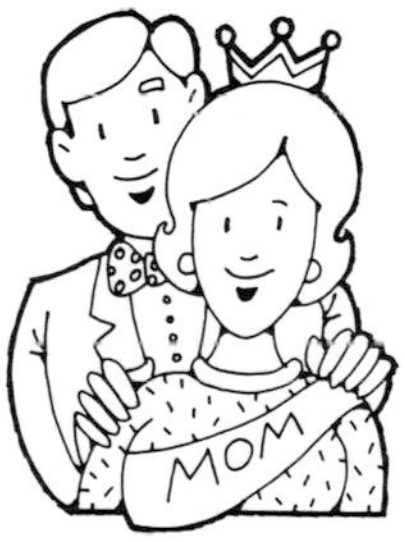
MOM

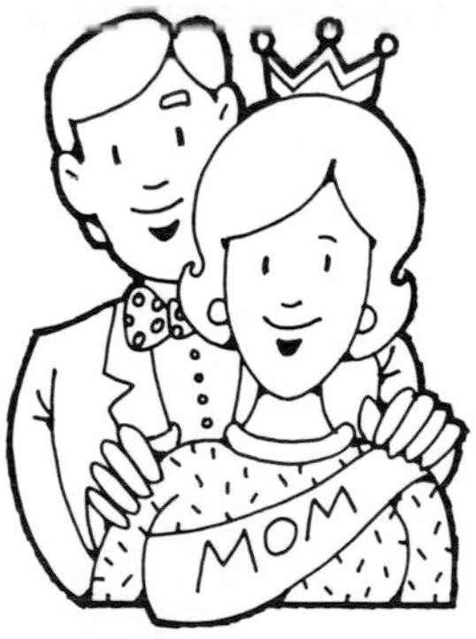
MOM

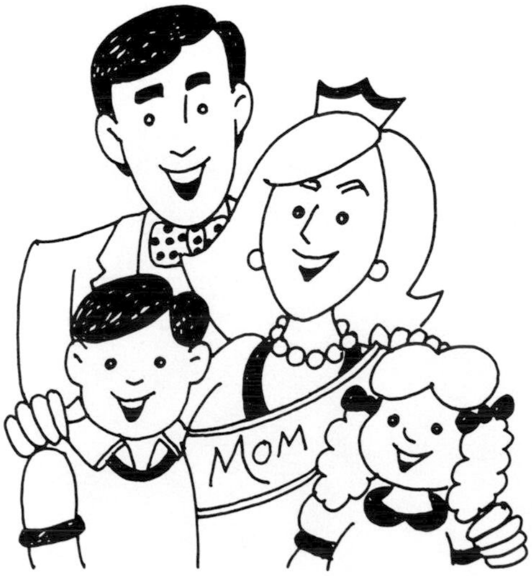
MOM

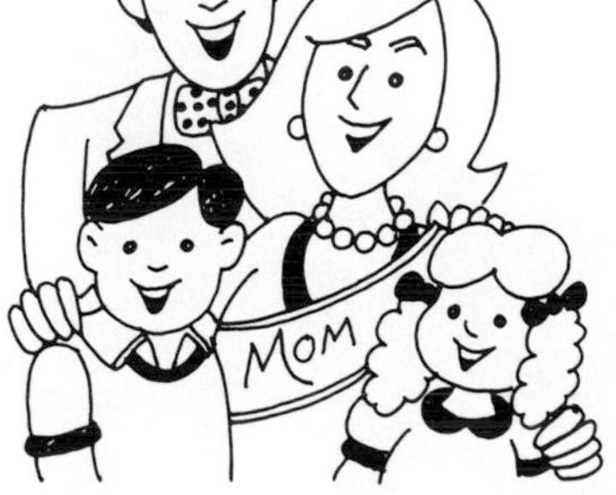
MOM

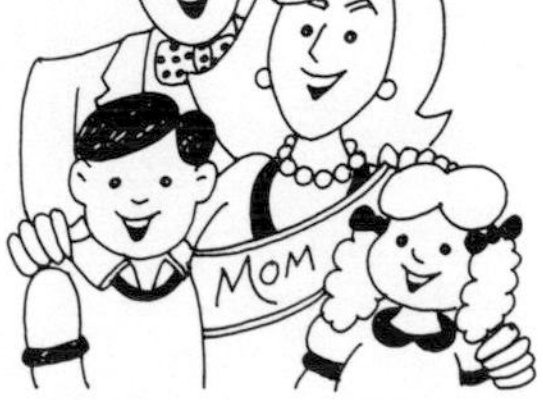
MOM

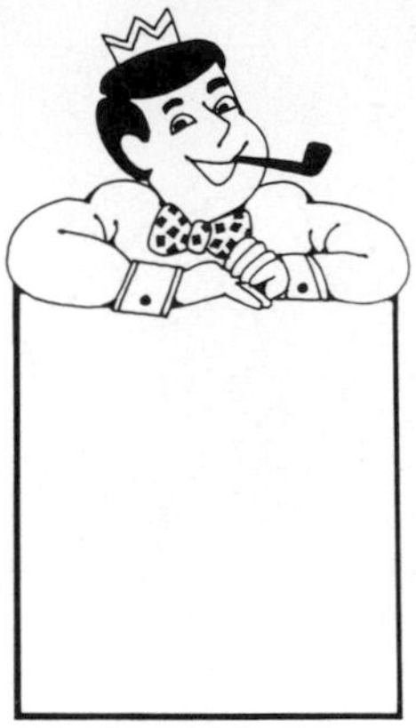

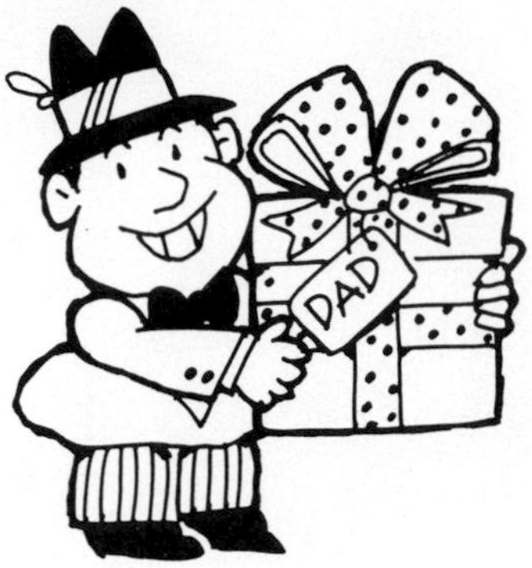
DAD

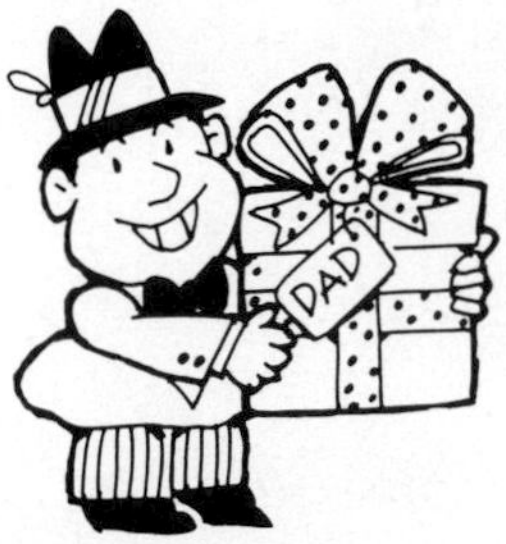
DAD

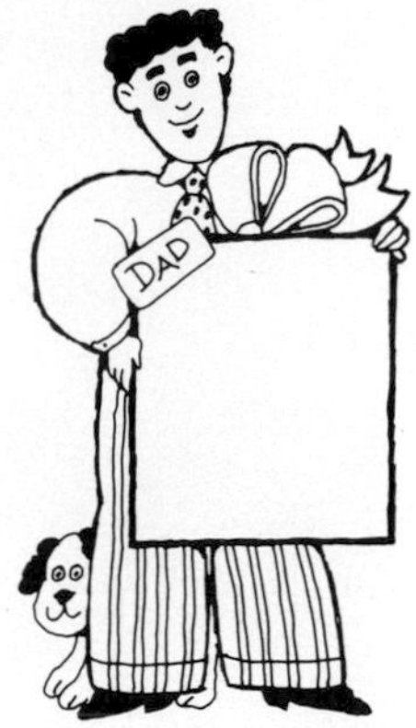
DAD

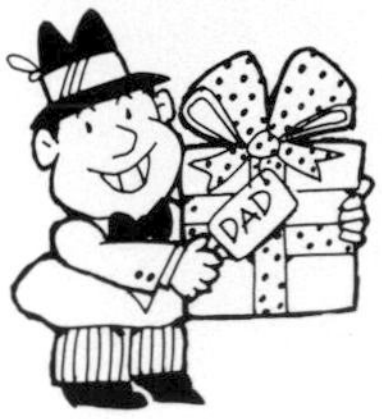
DAD

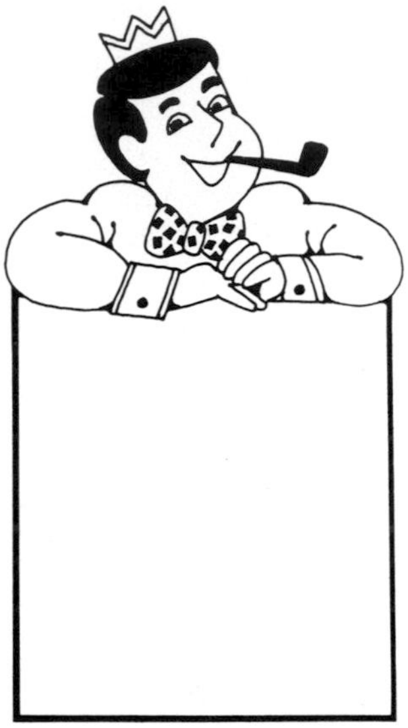

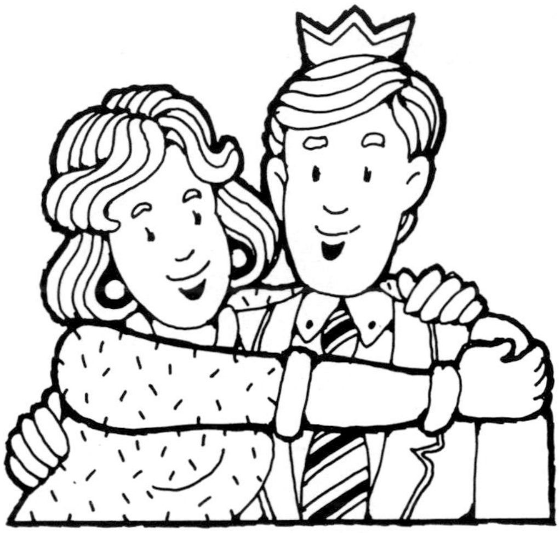

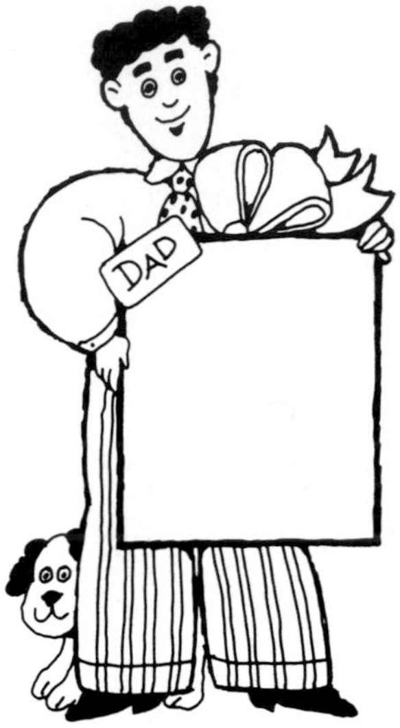
DAD

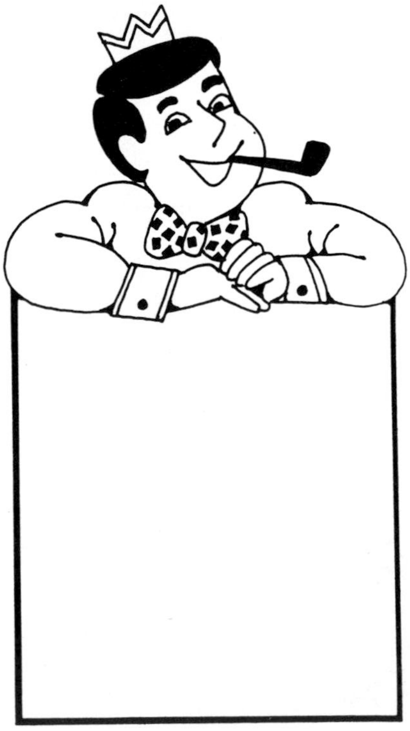

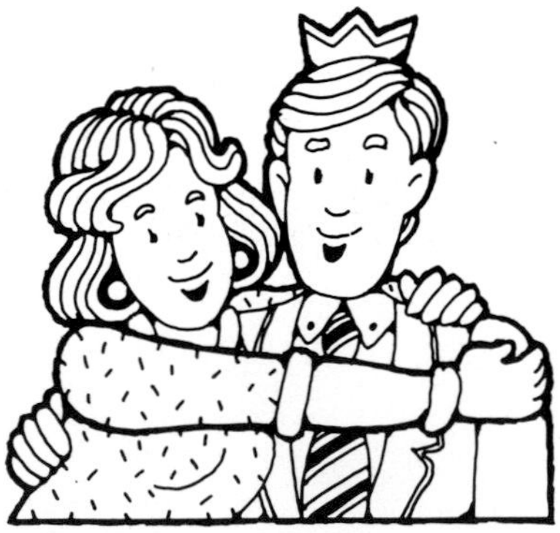

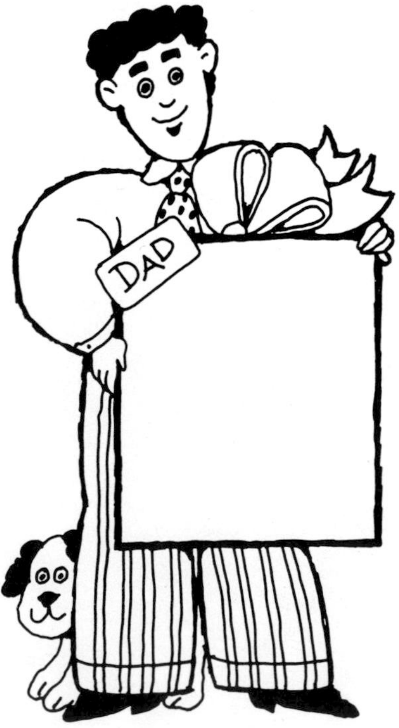
DAD

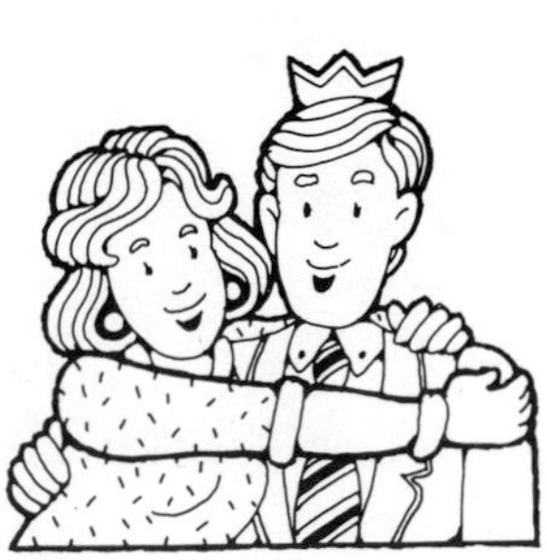

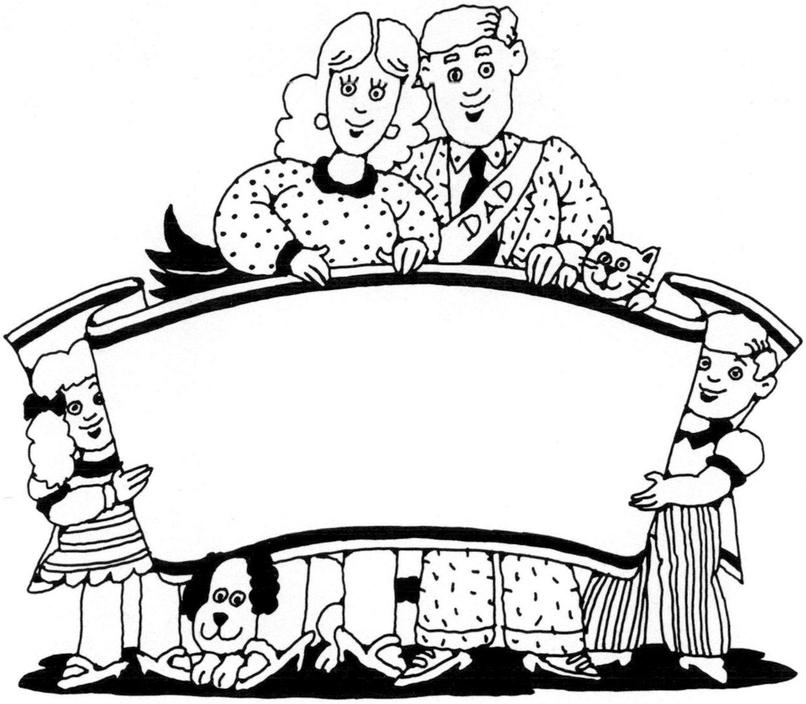
DAD

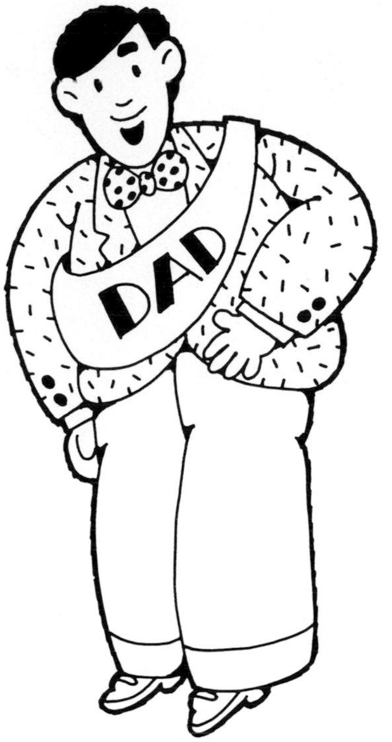
DAD

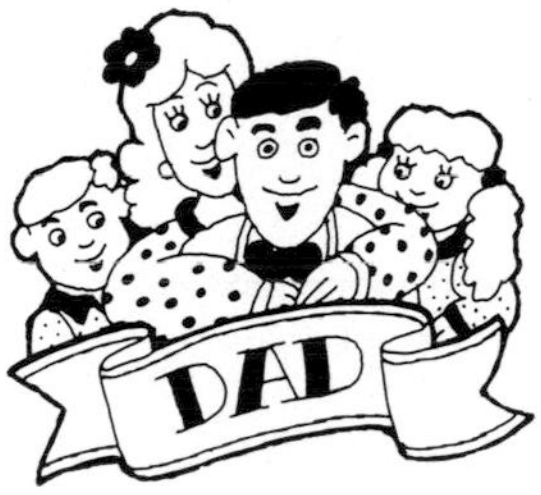
DAD

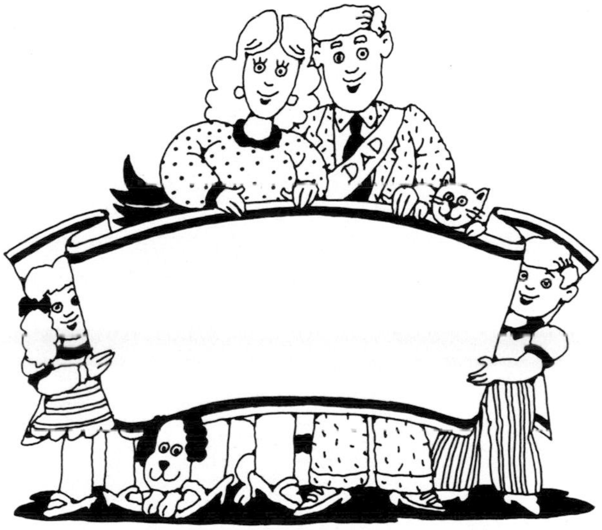
DAD

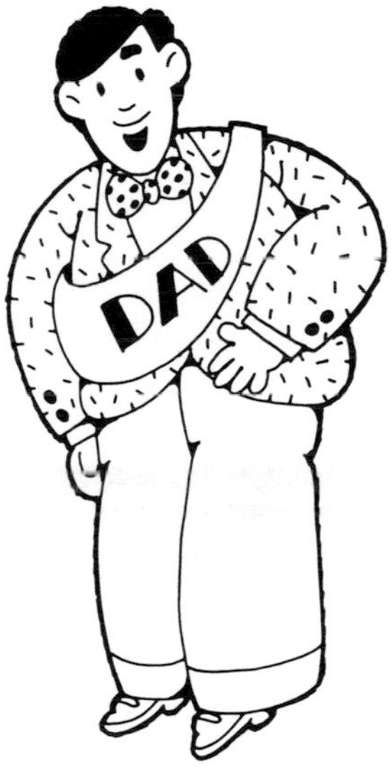
DAD

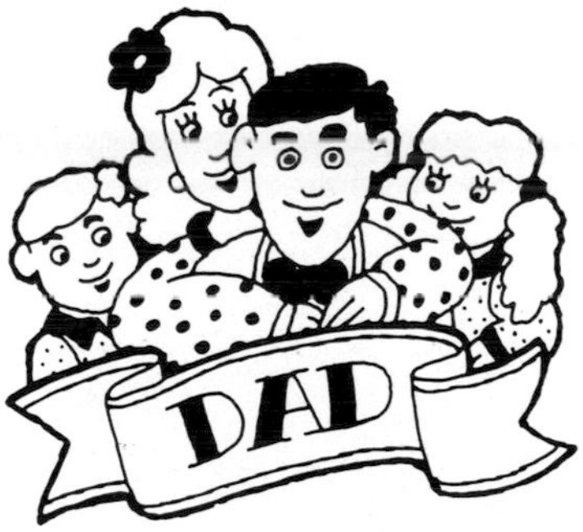
DAD

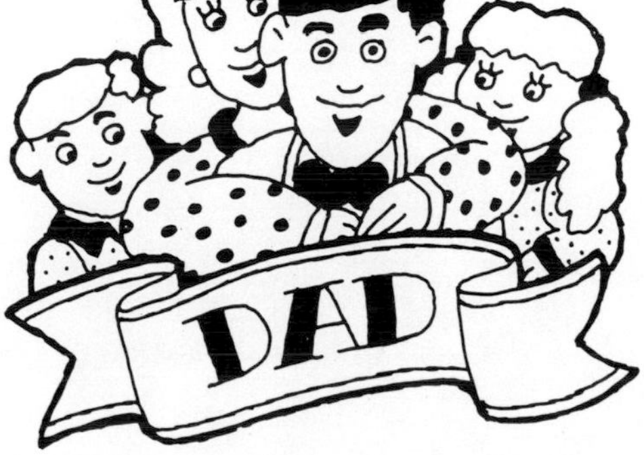
DAD

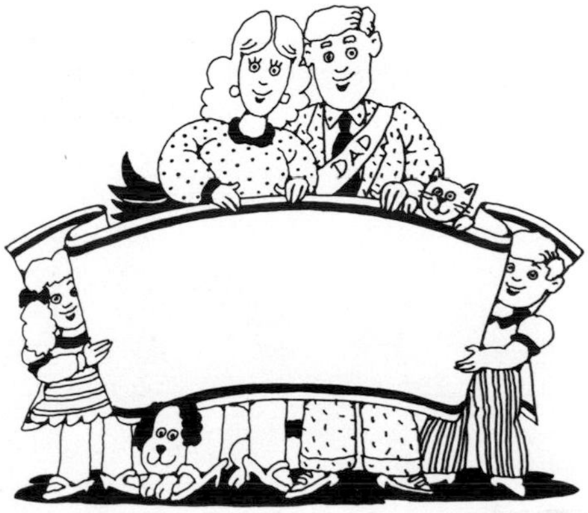
DAD

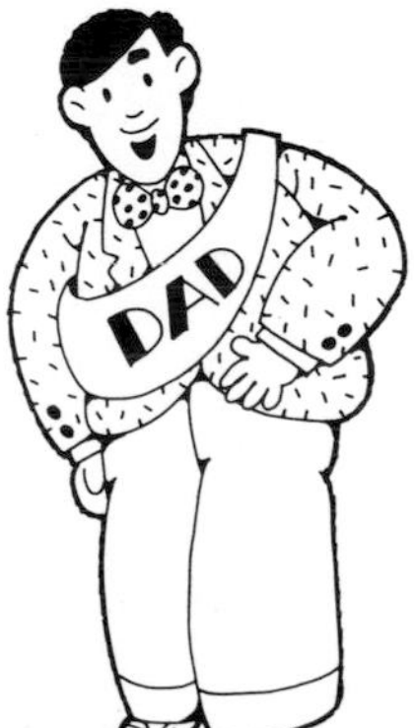
DAD

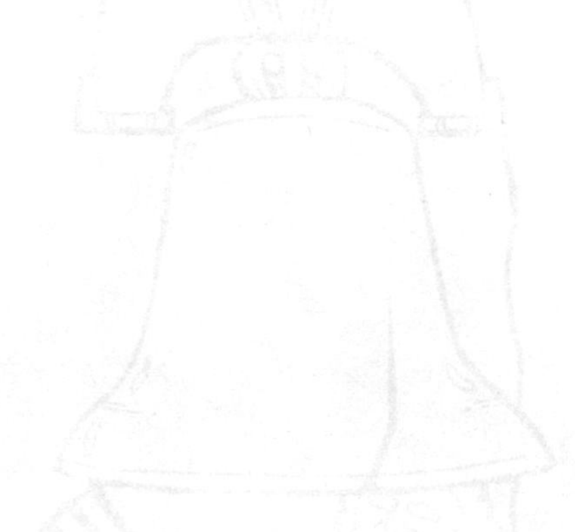

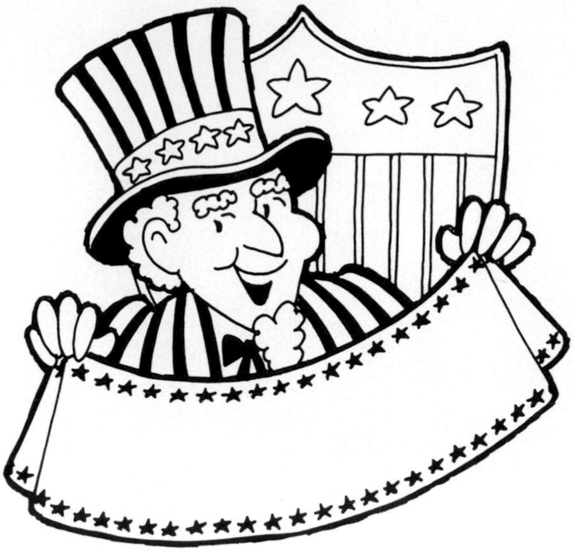
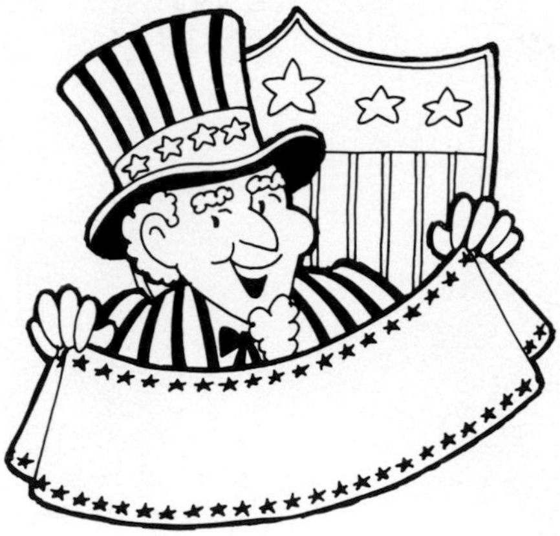
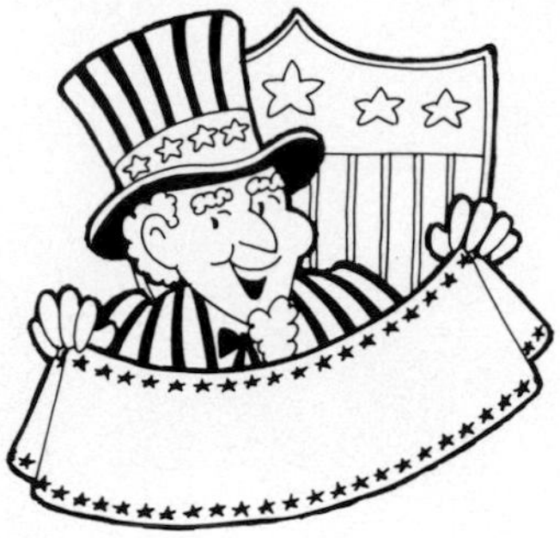
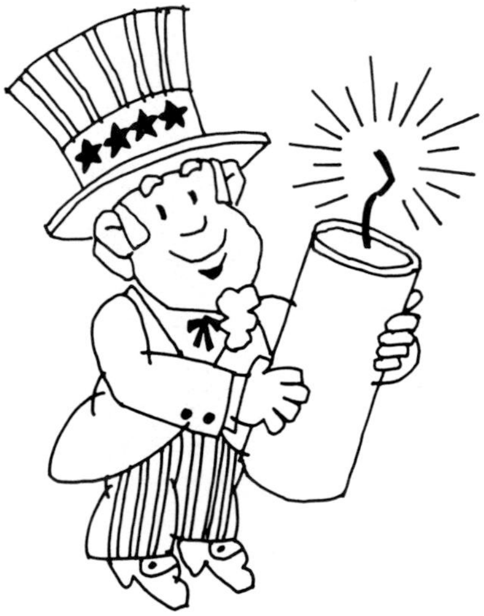
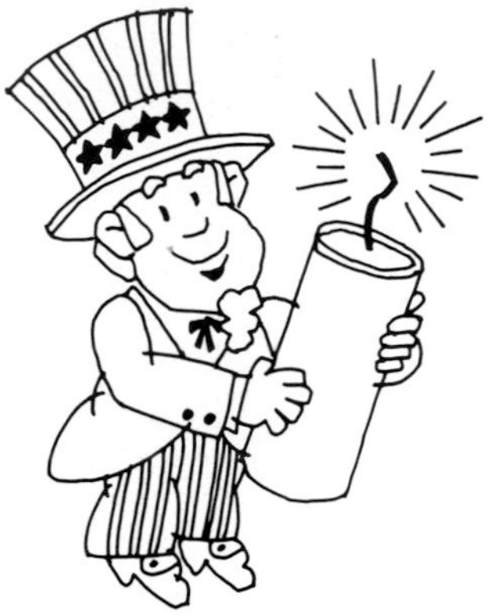
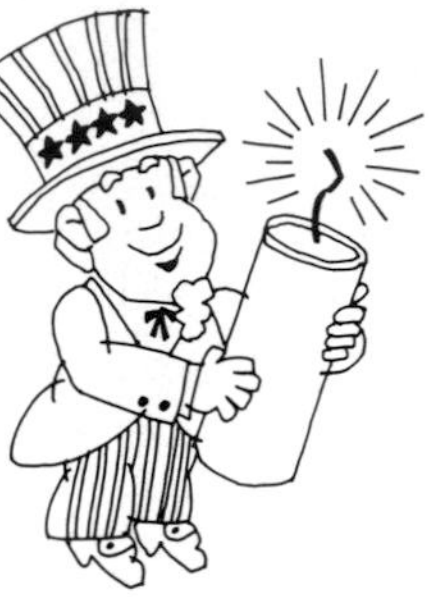
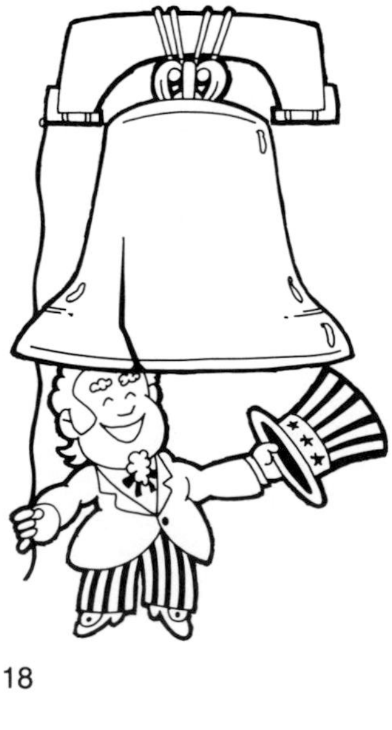
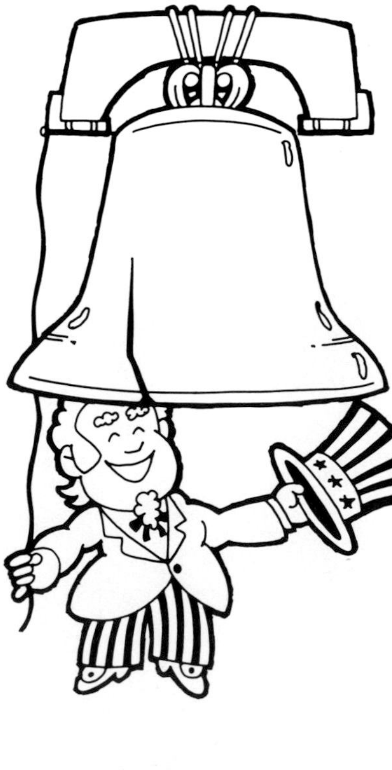
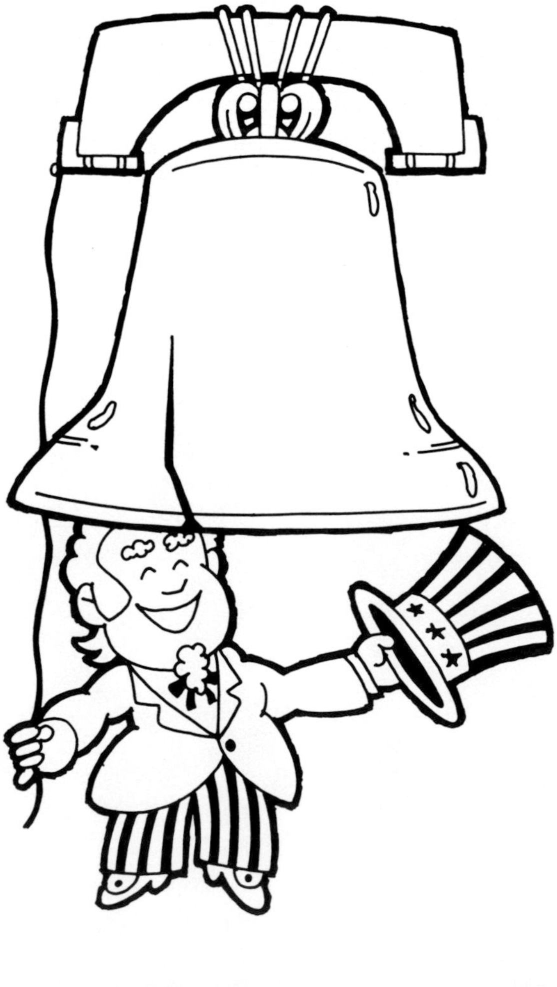

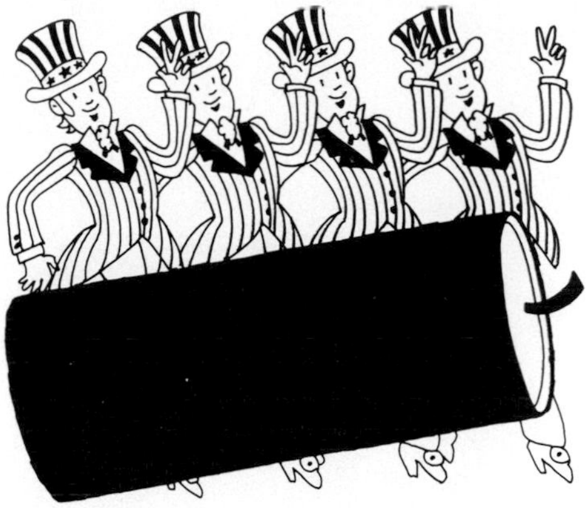
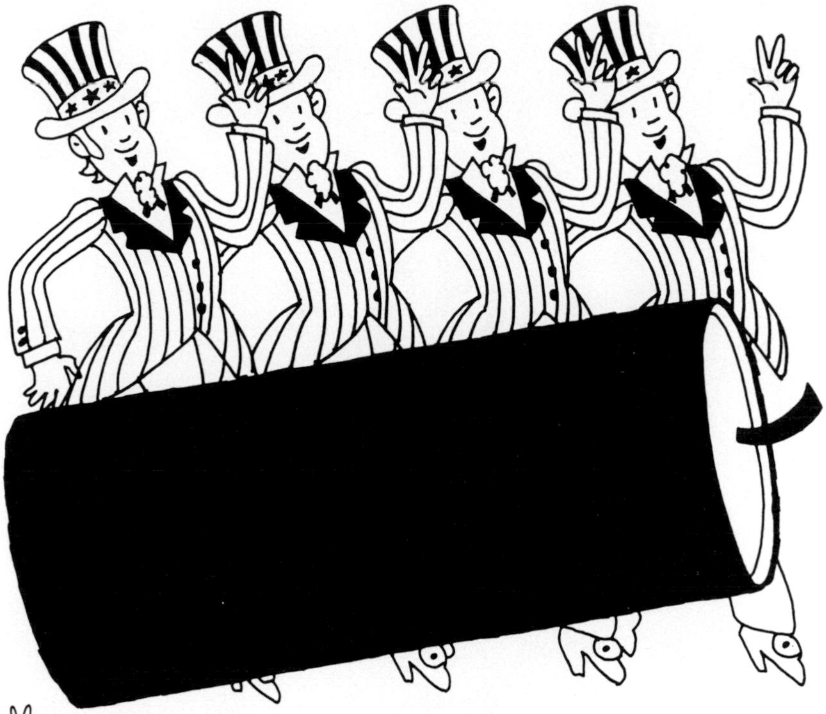
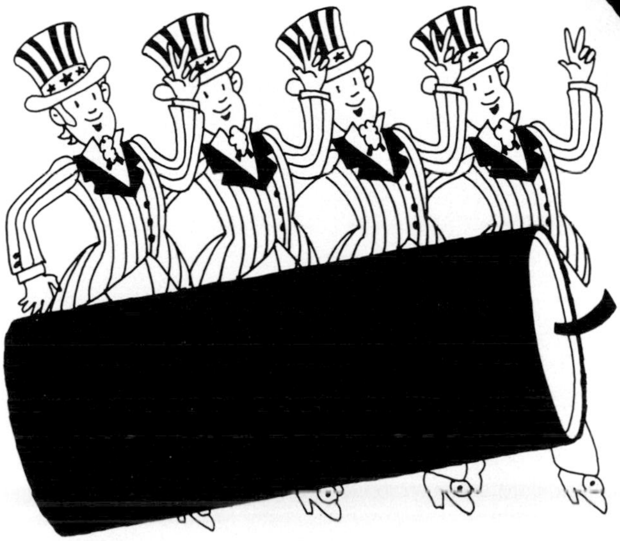
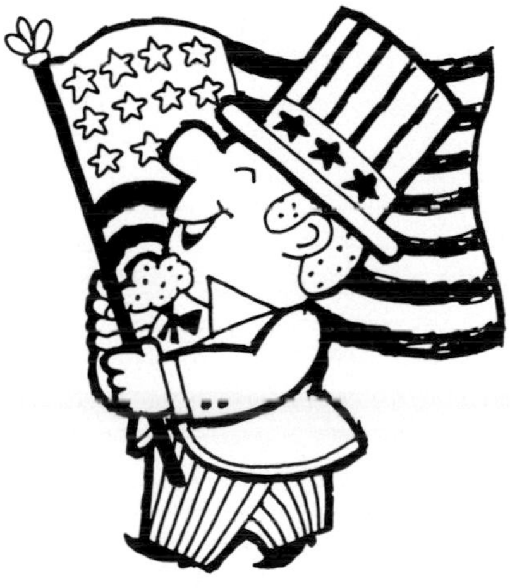
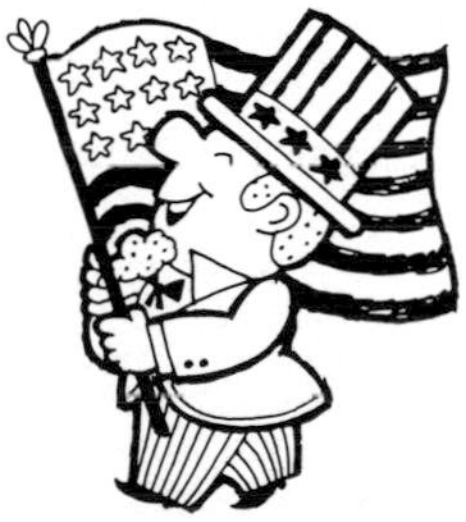
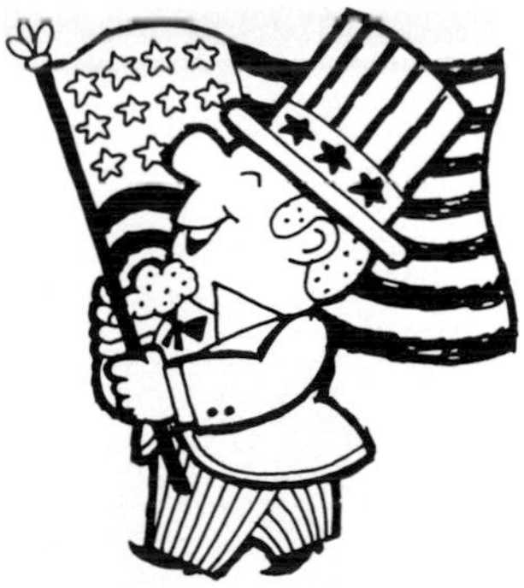
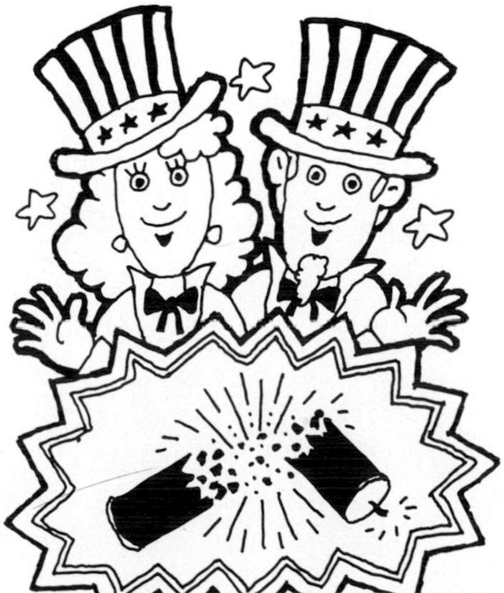
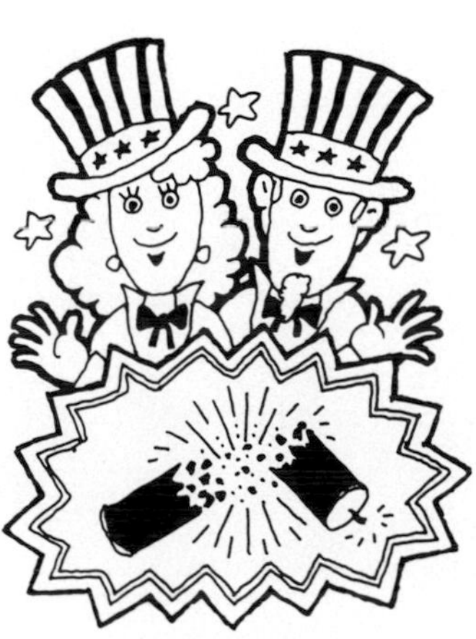
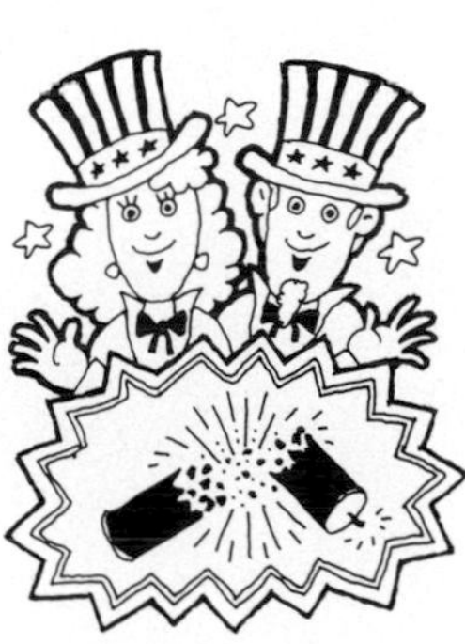

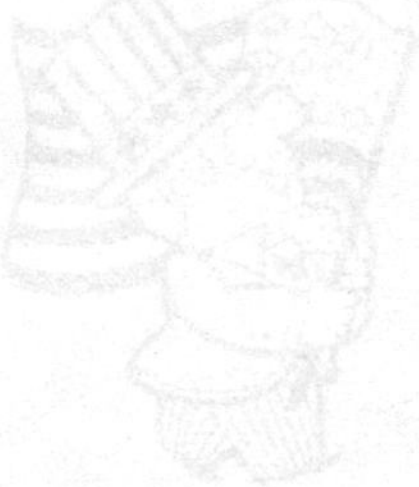

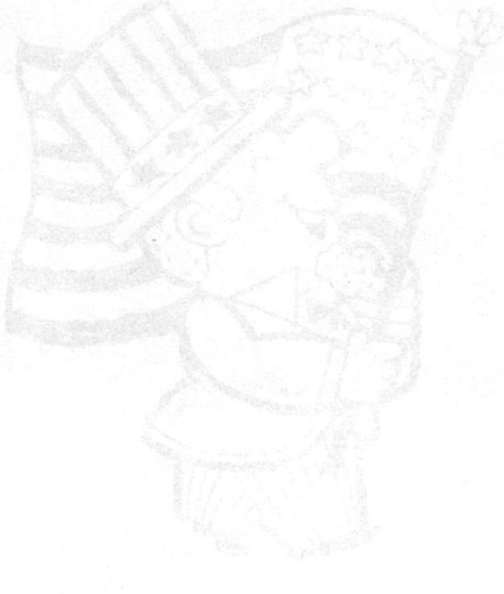

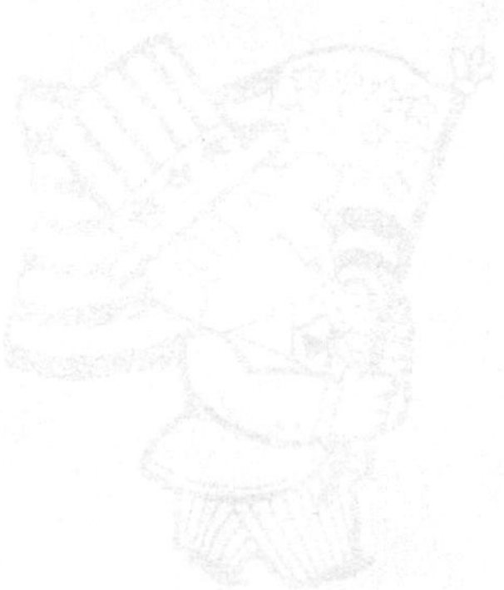

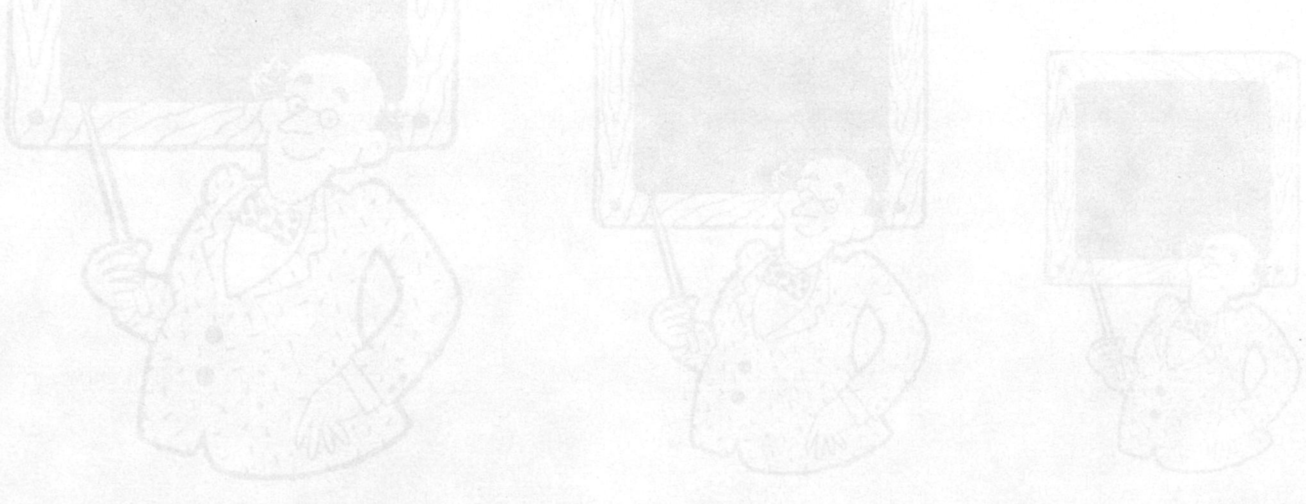

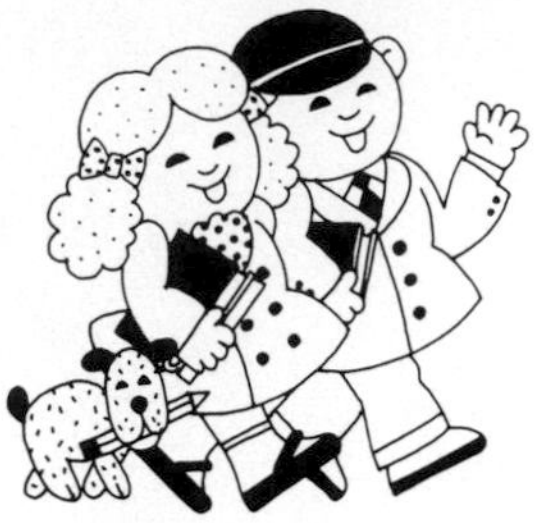
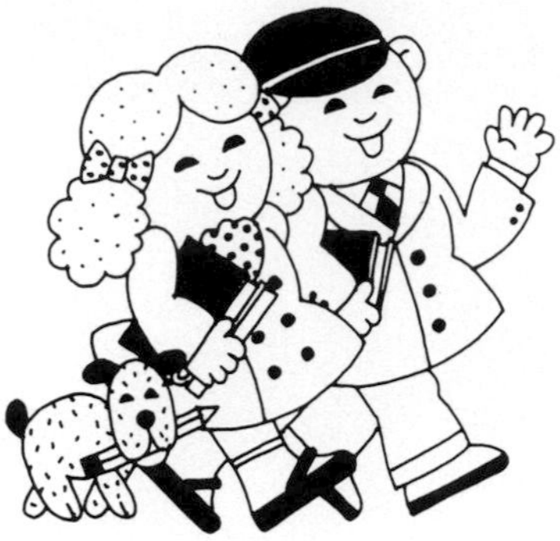
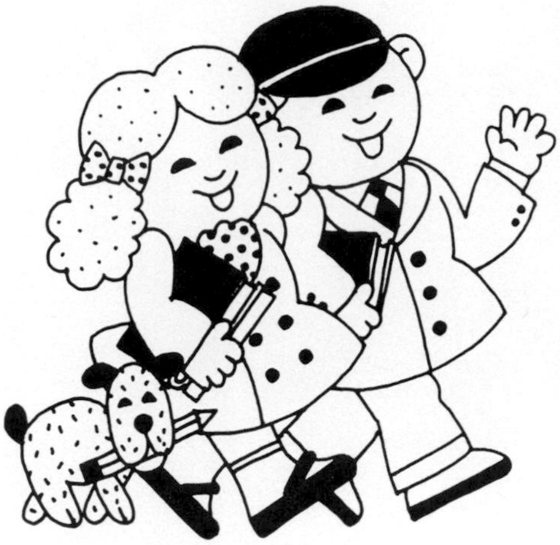
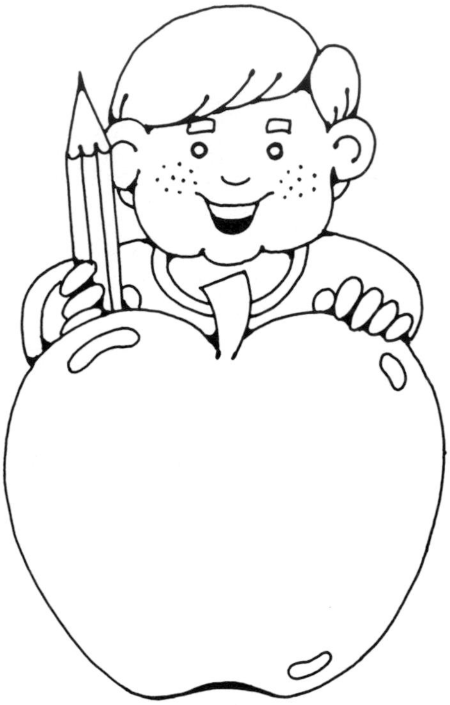
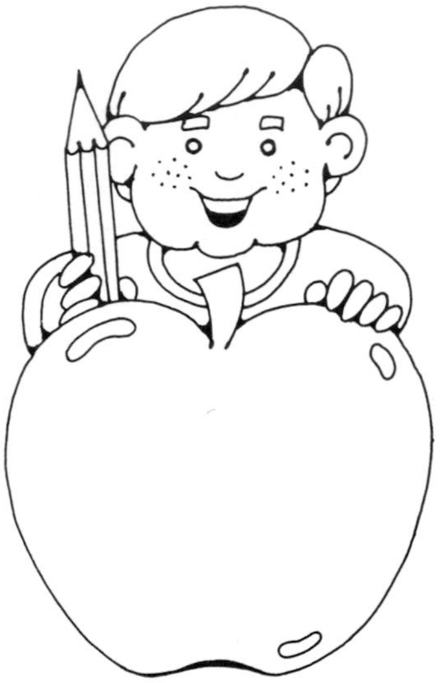
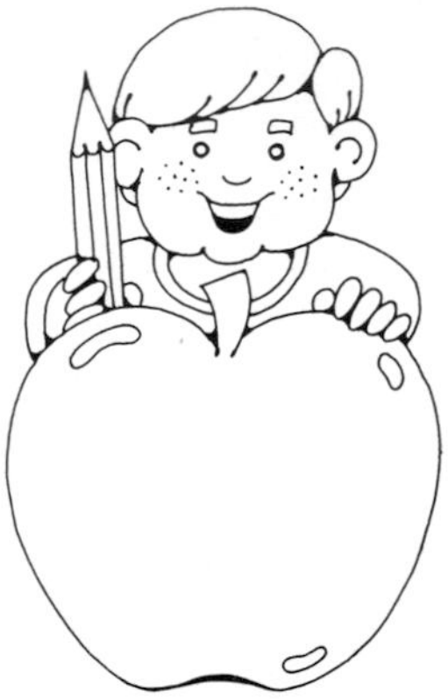
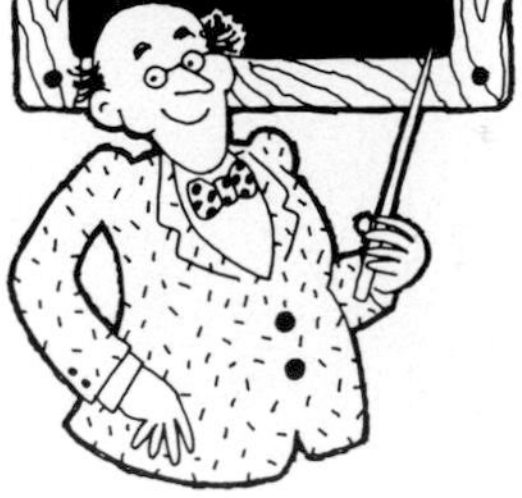
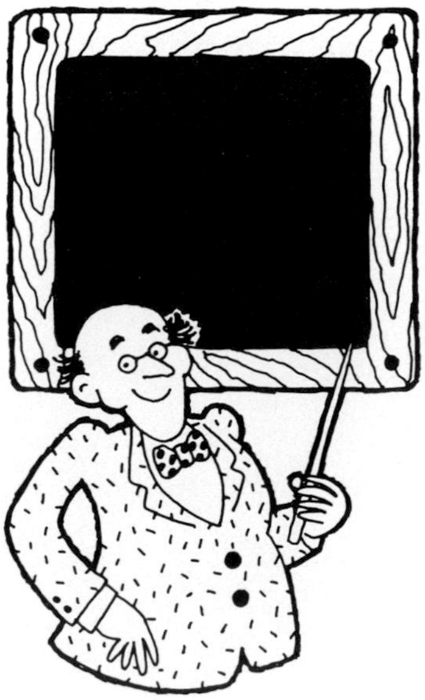
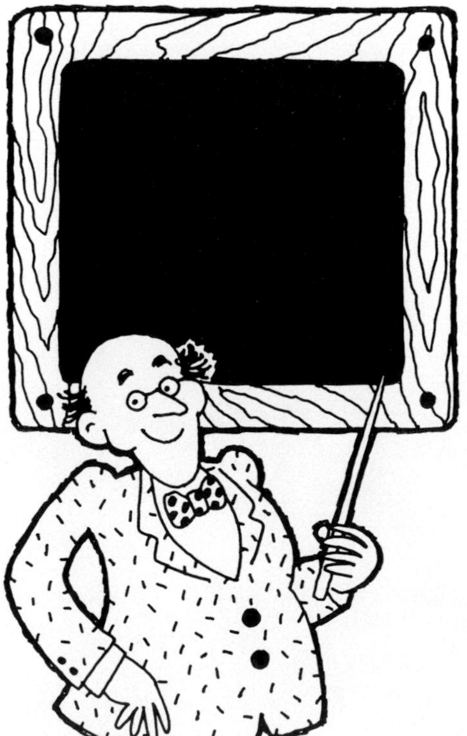

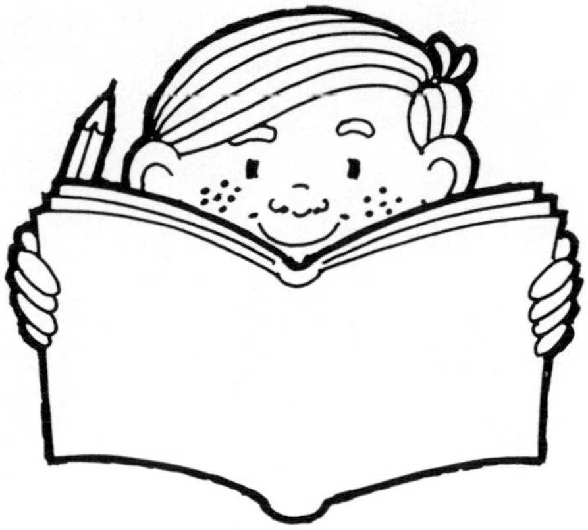
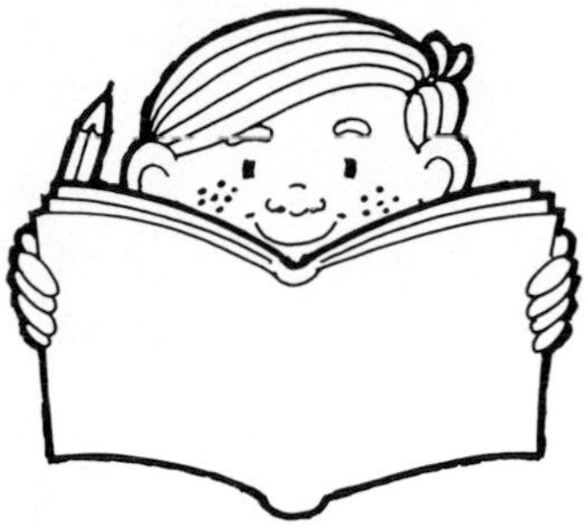
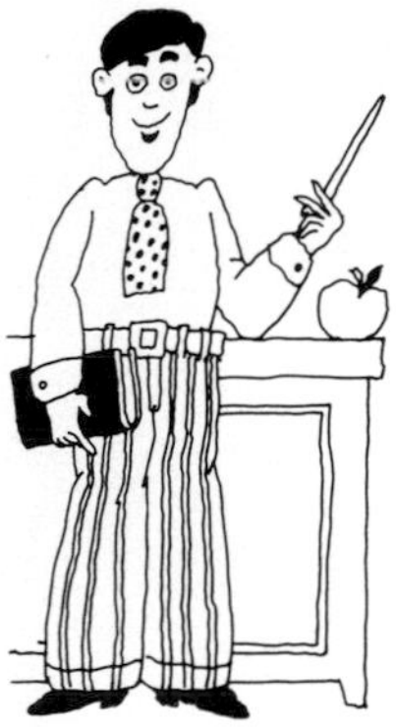
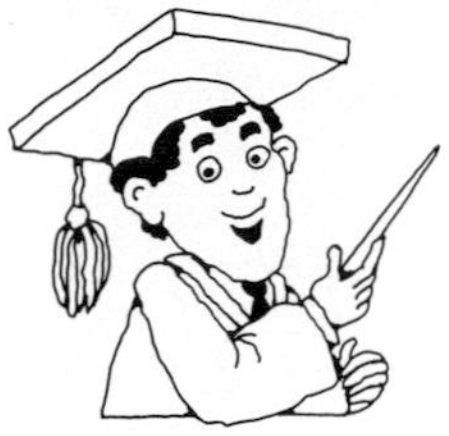
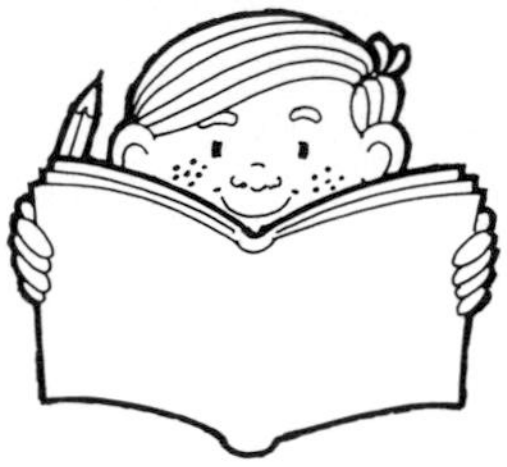

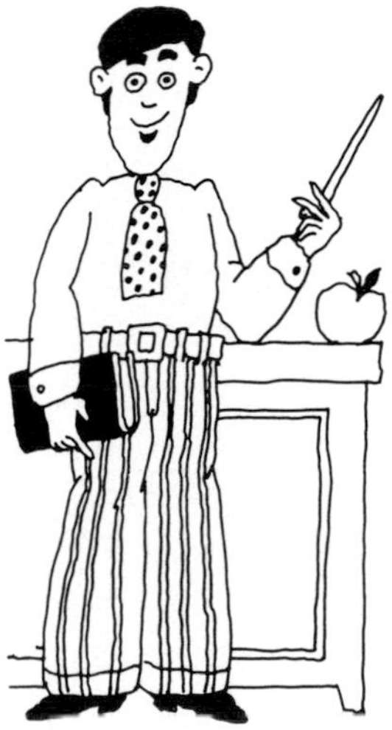
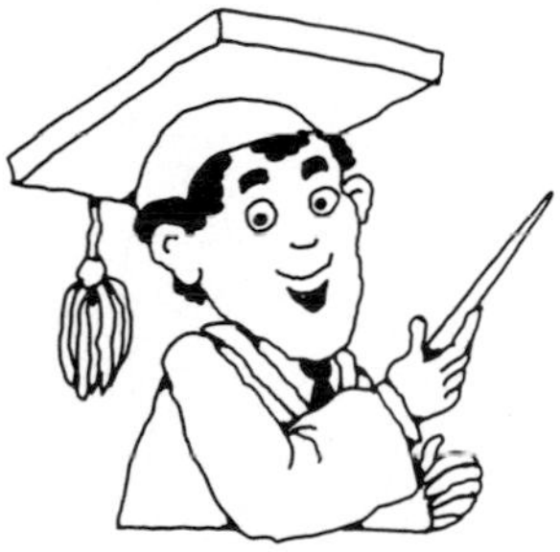
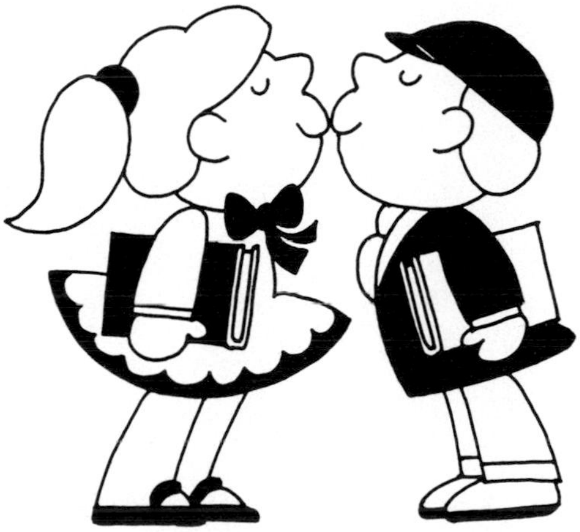

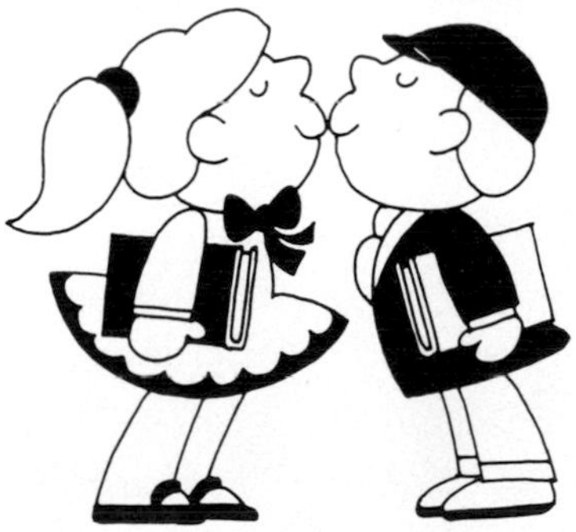
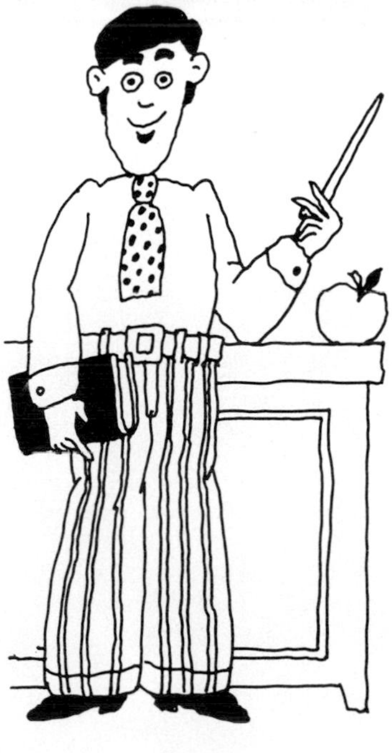
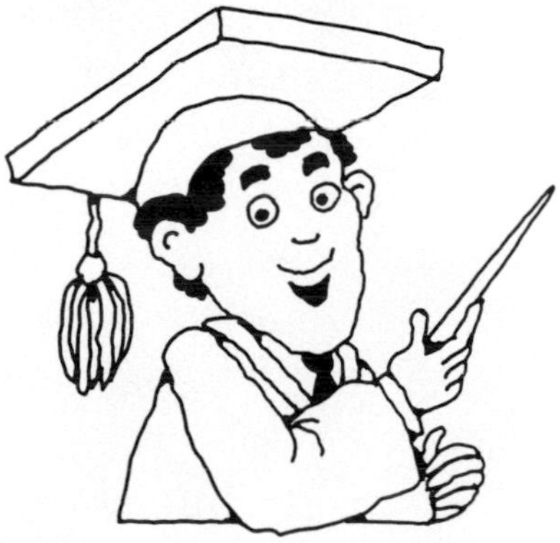
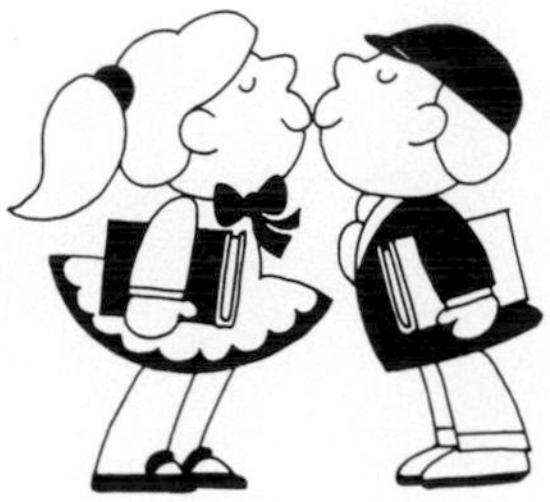

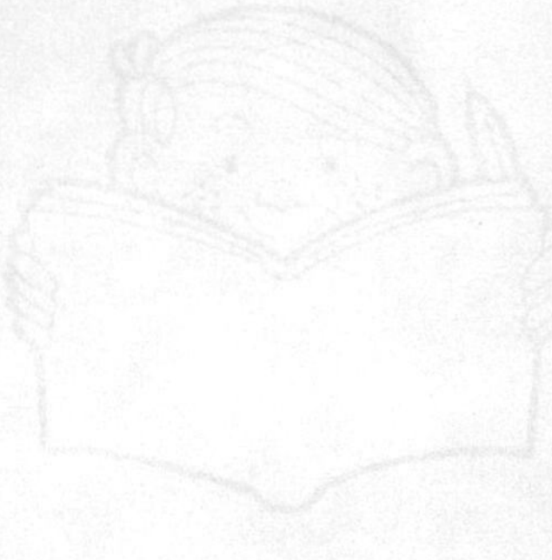

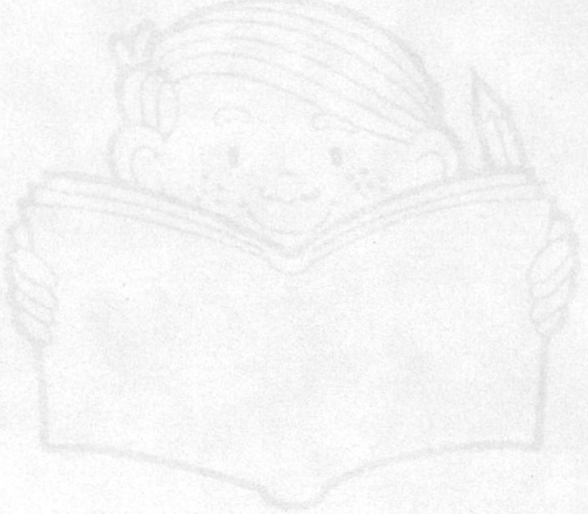

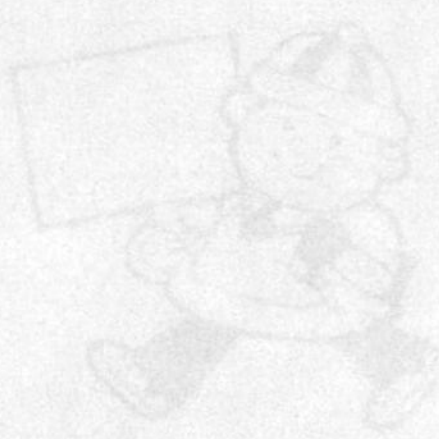

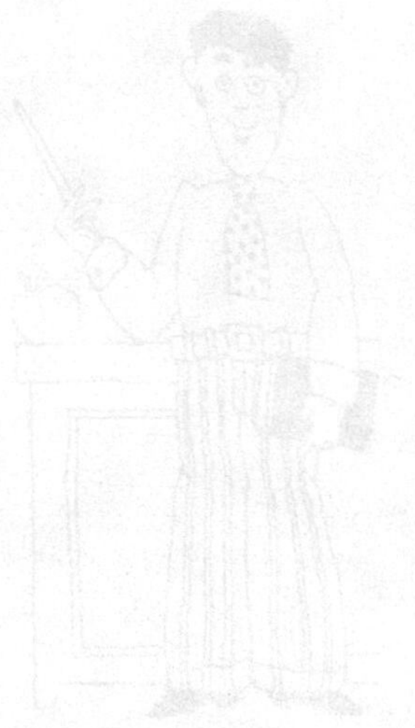

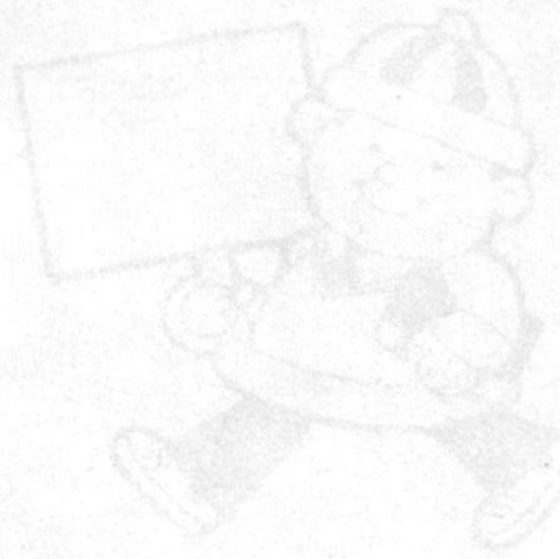

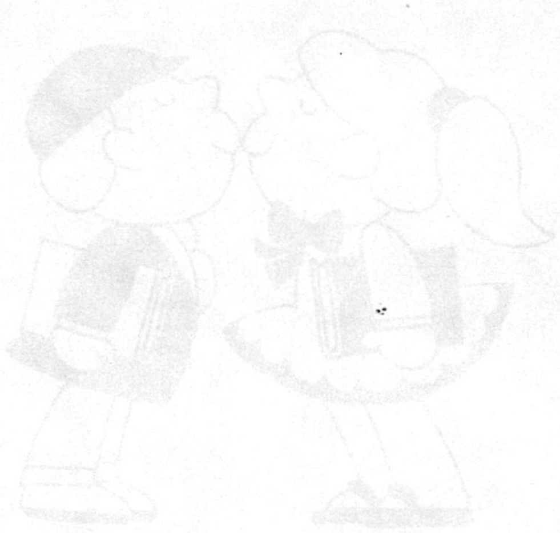

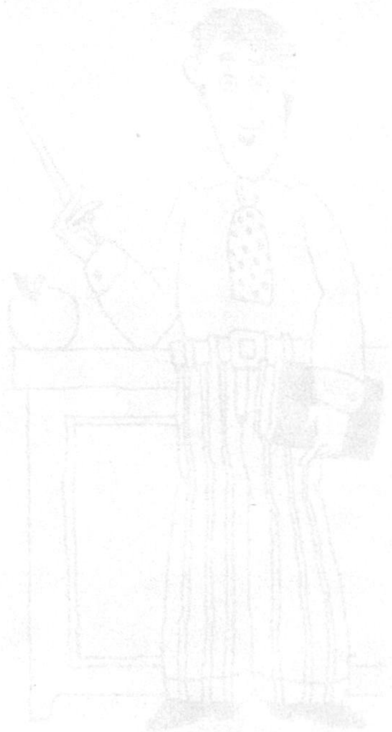

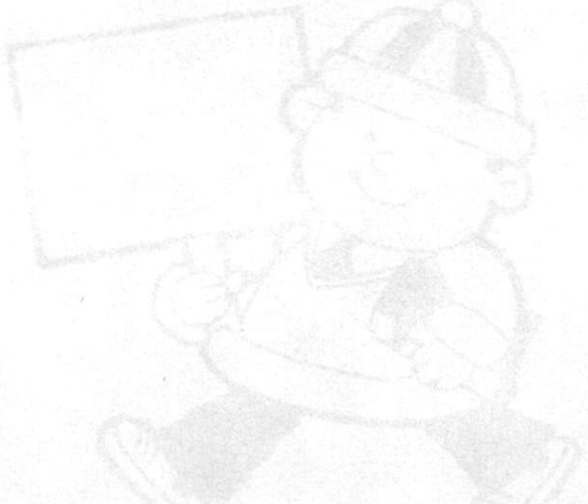

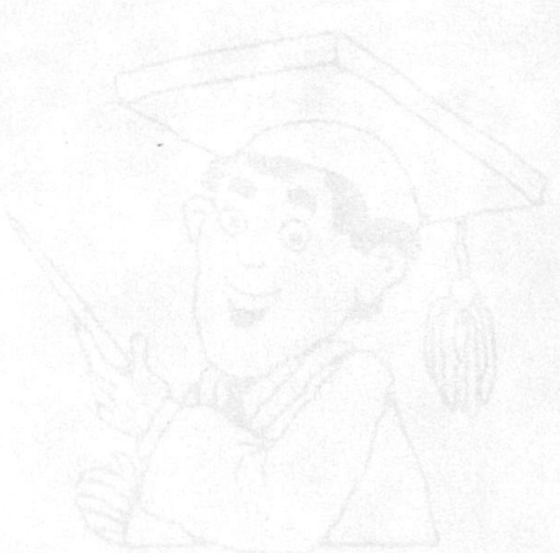

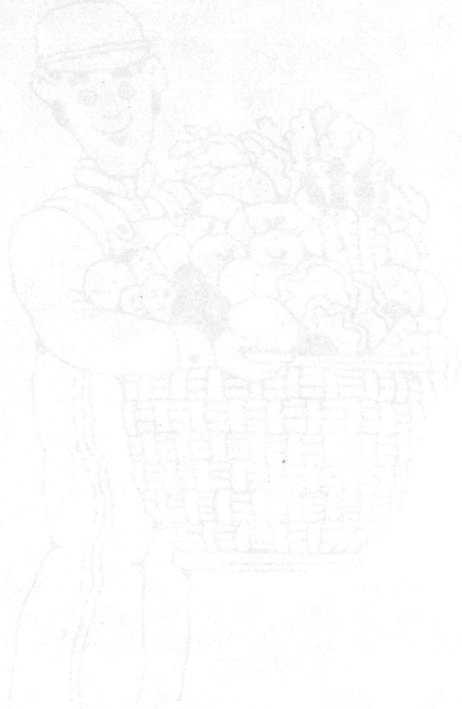

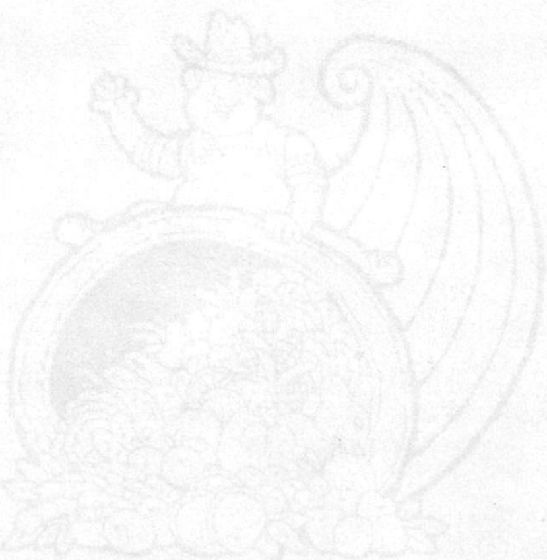

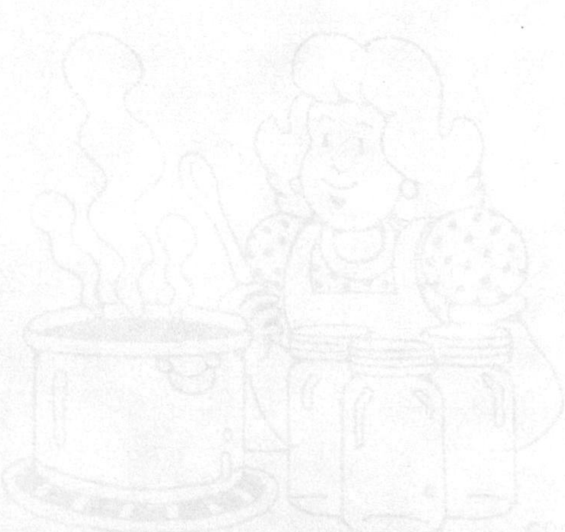

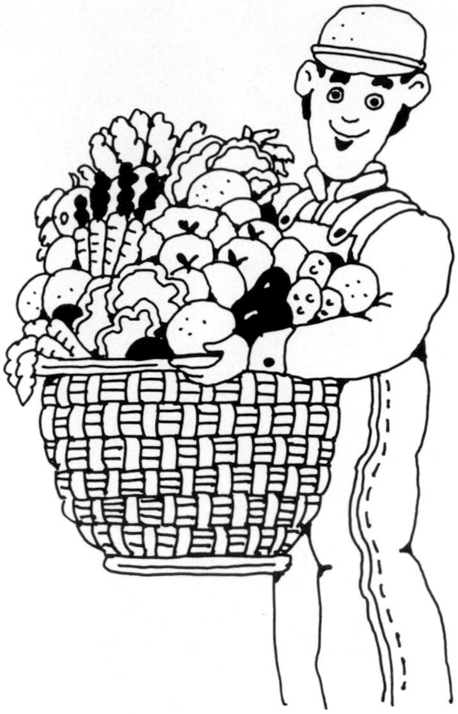
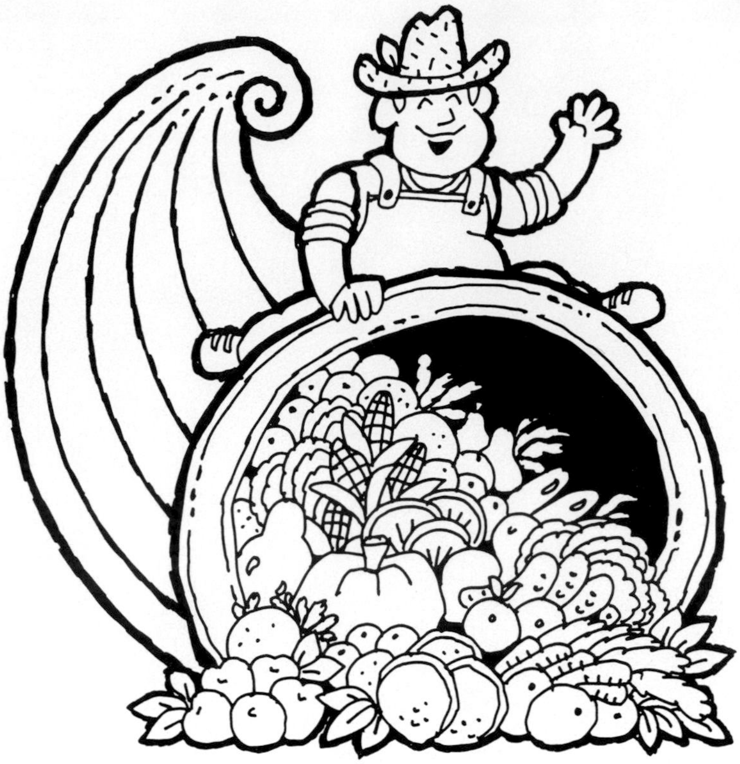
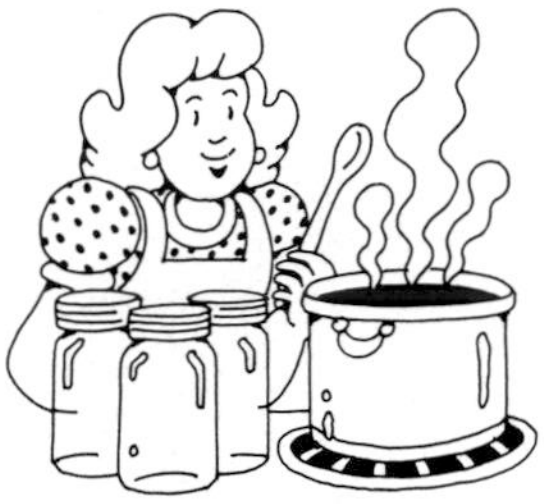
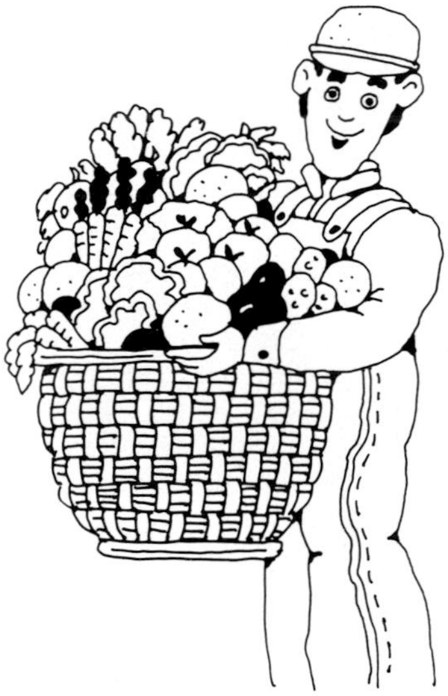
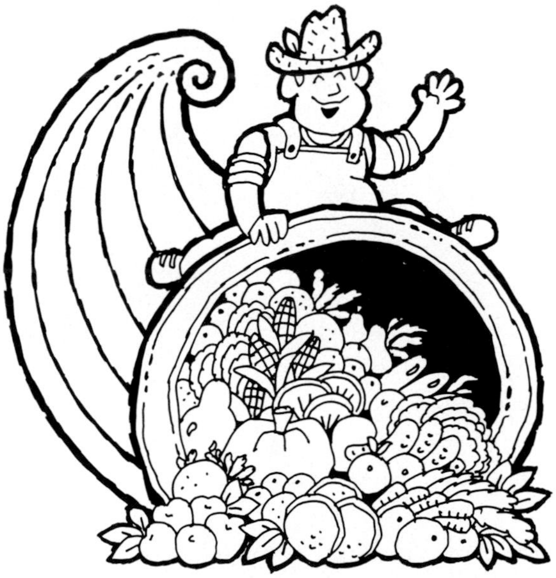
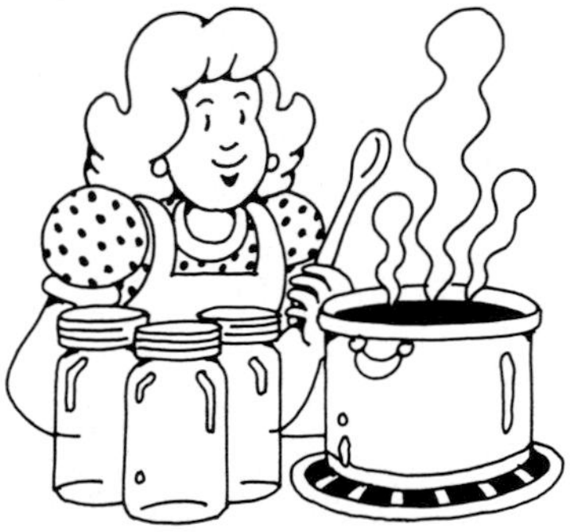
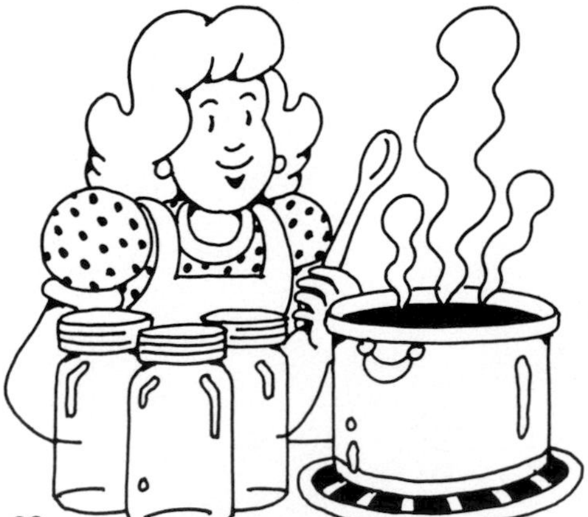
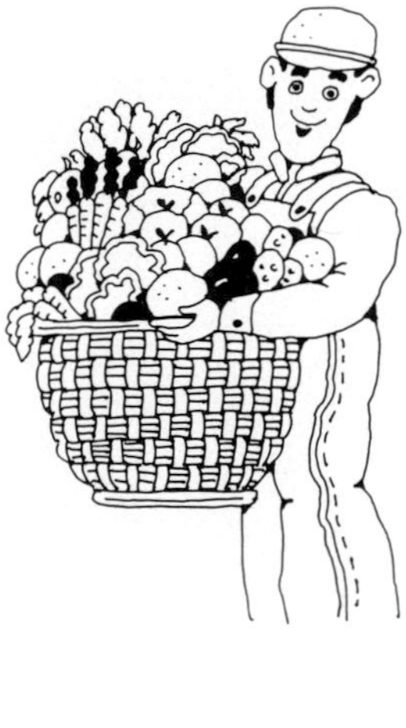
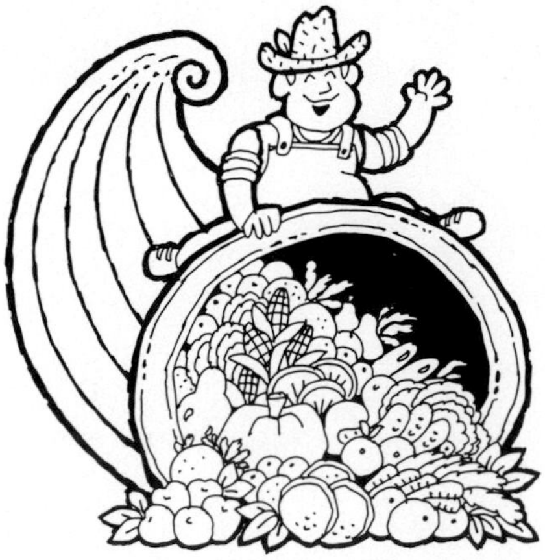

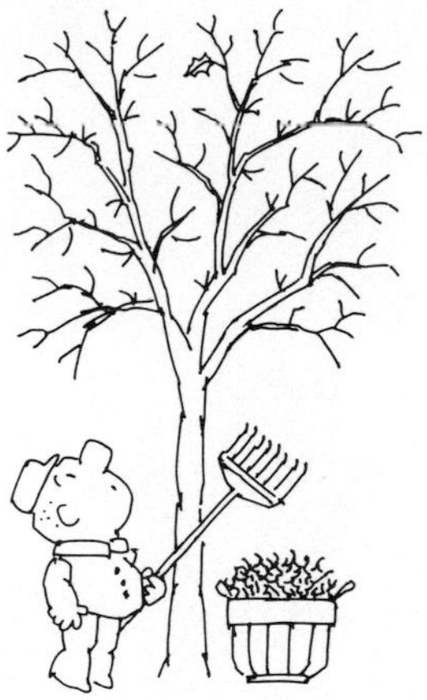
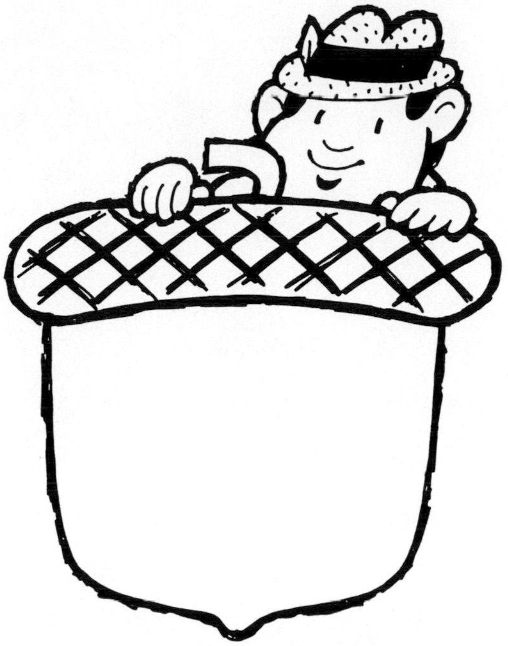
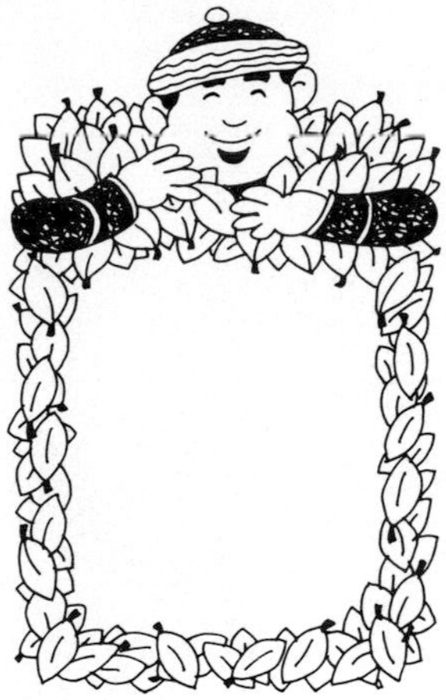
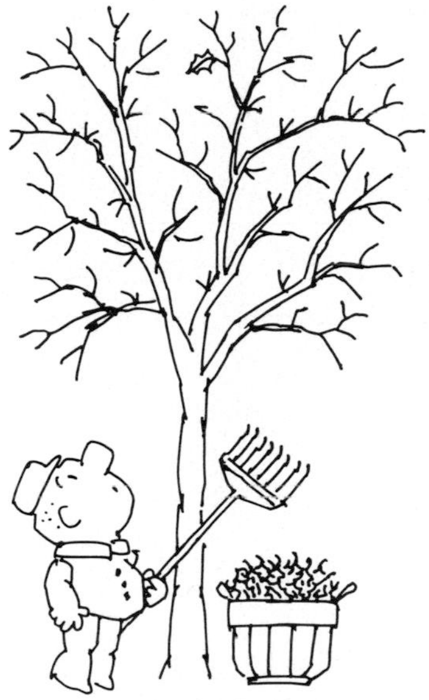
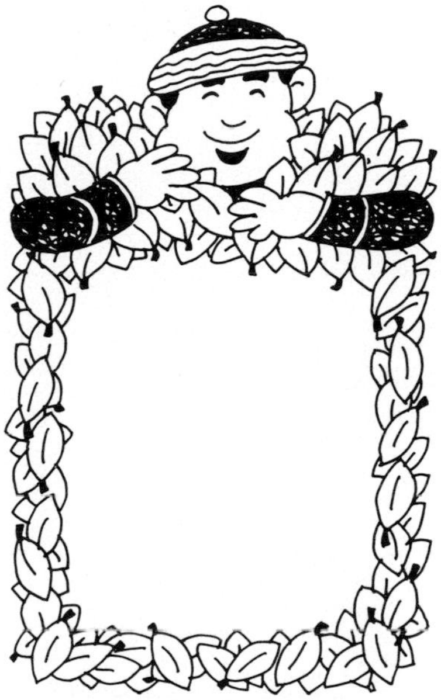
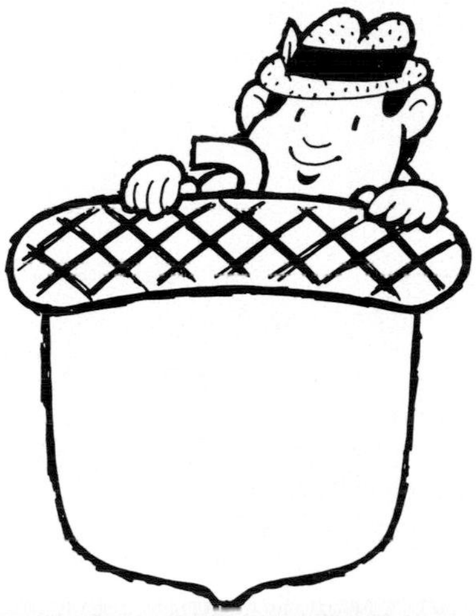
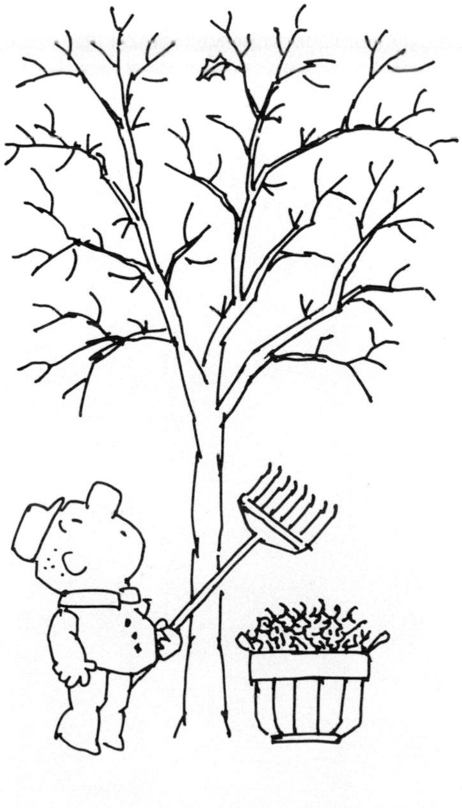
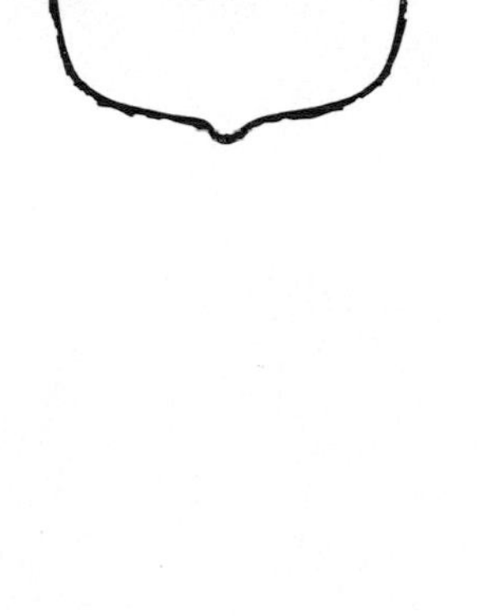
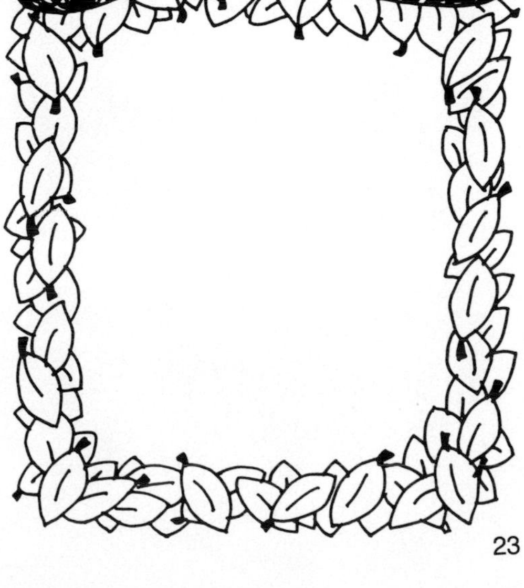

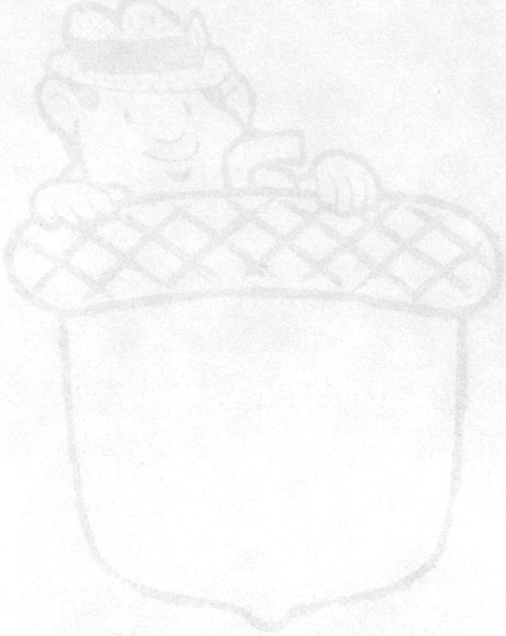

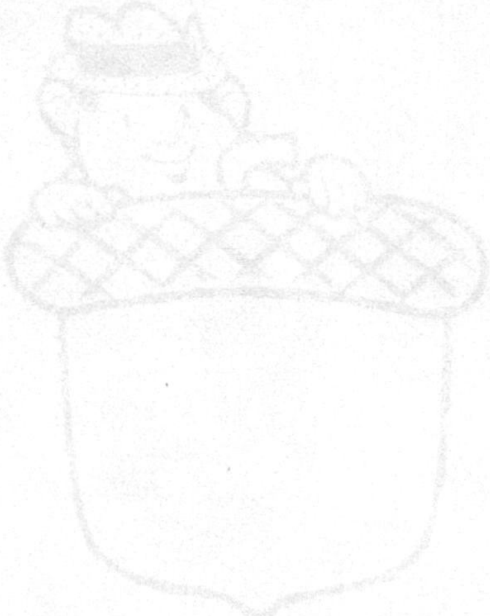

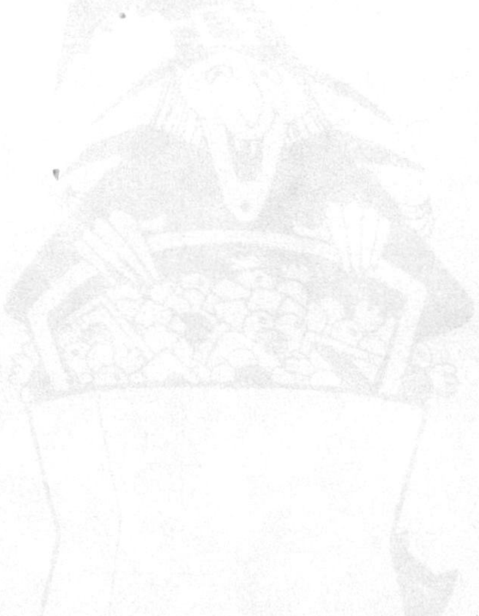

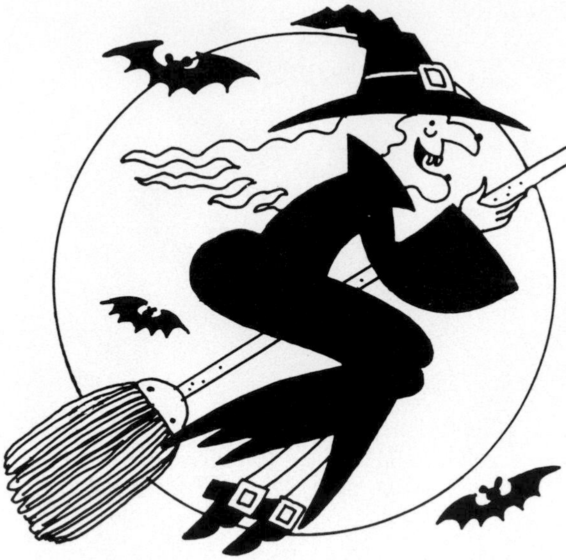
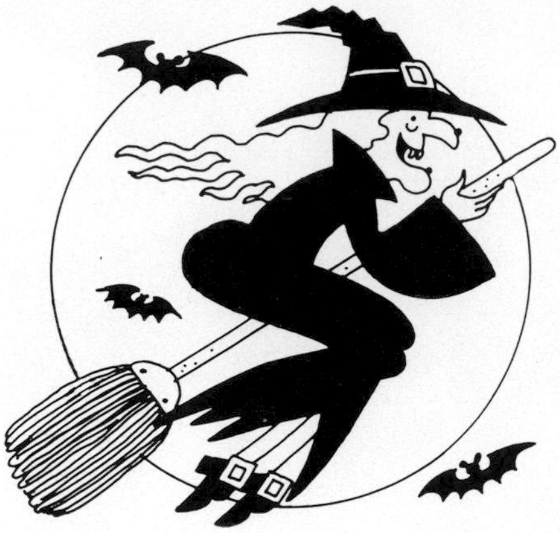
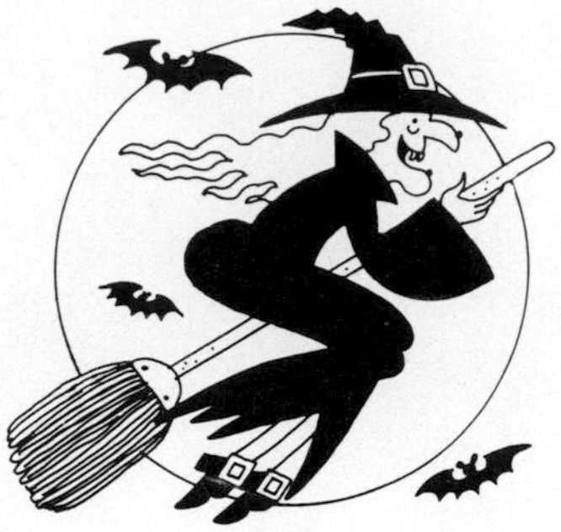
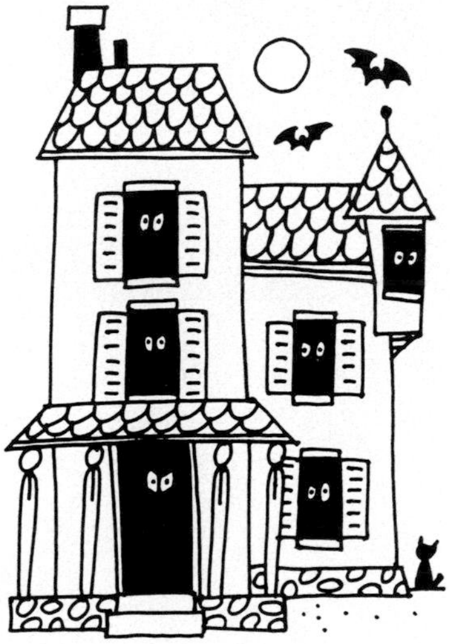
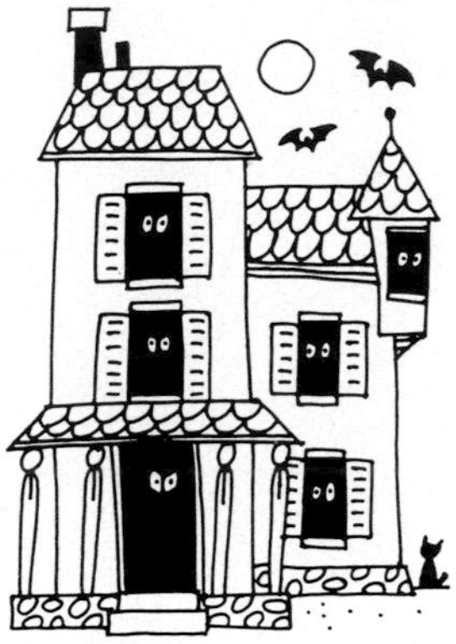
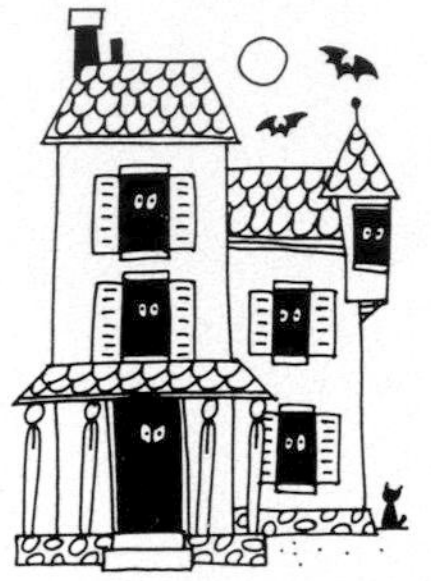
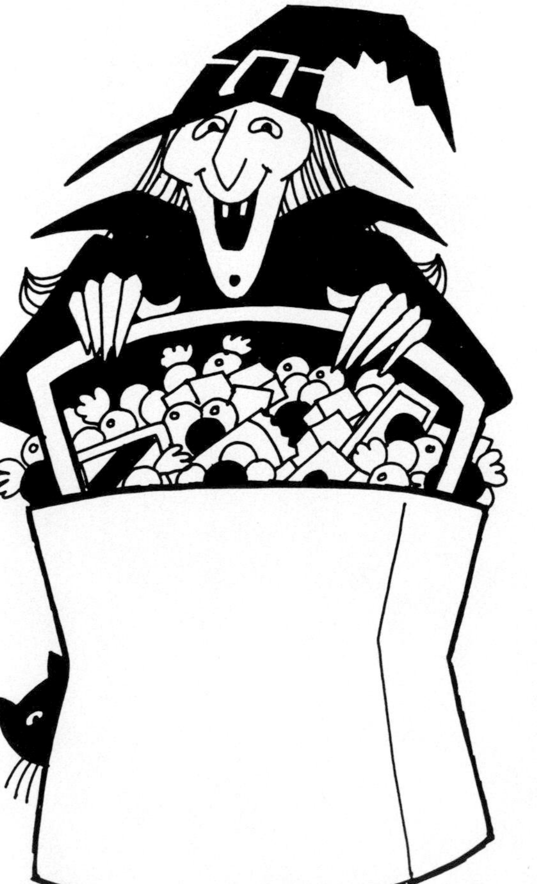
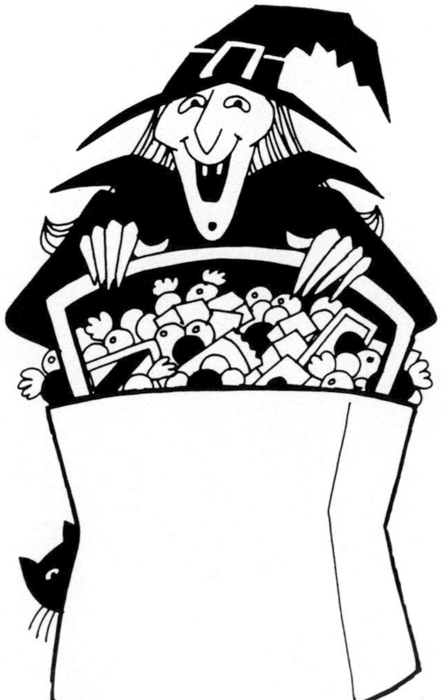
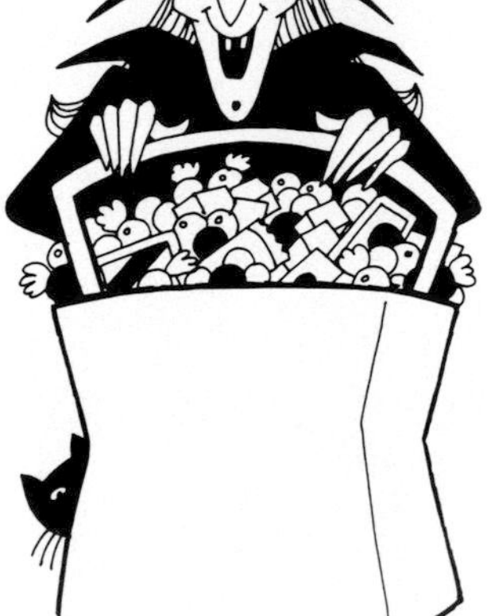

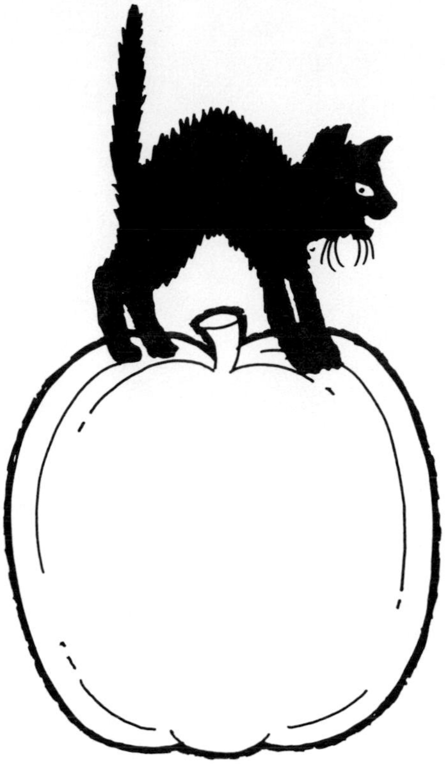
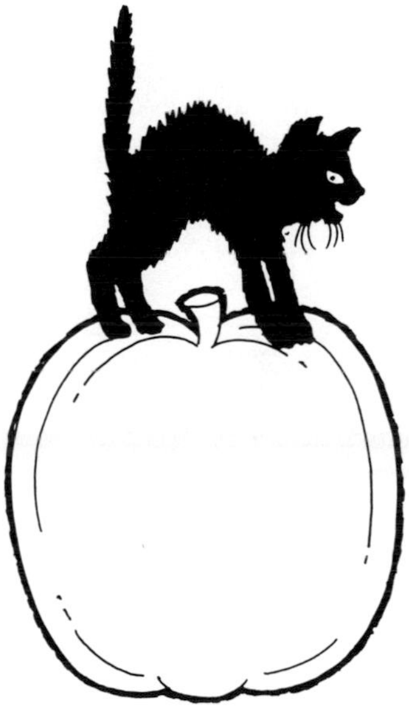
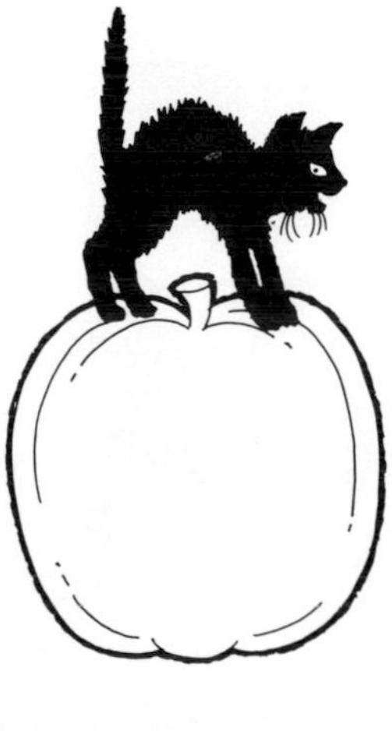
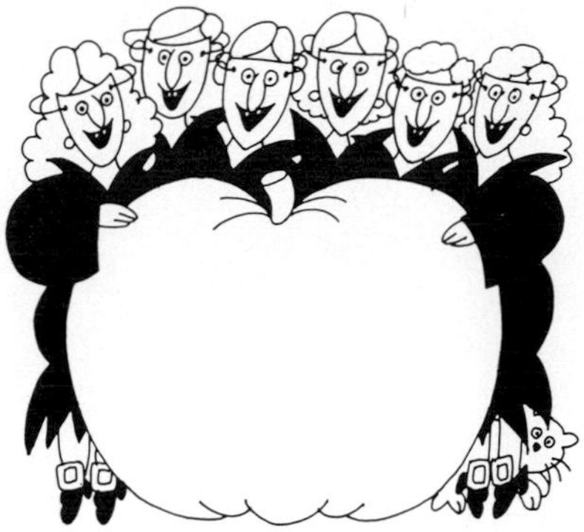
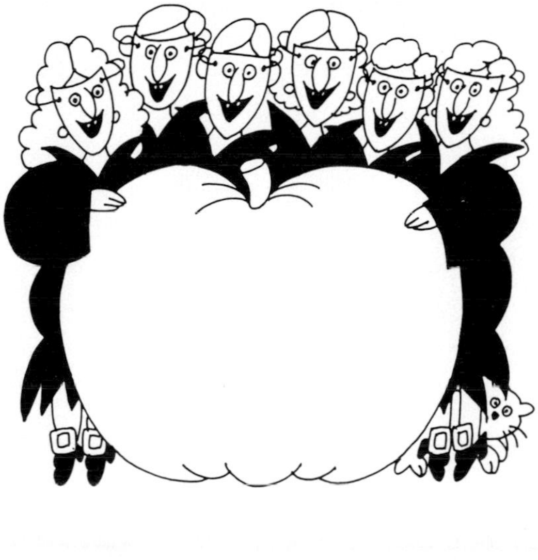
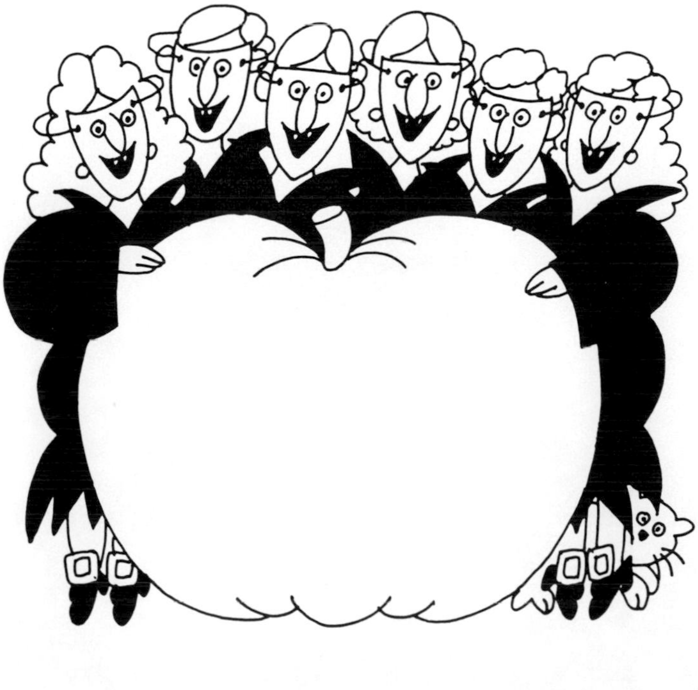
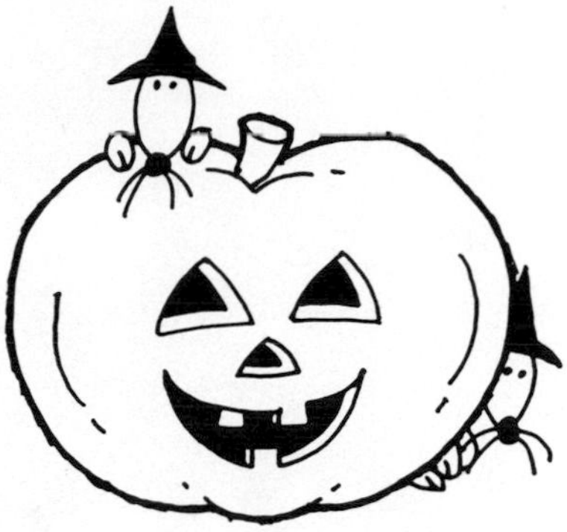
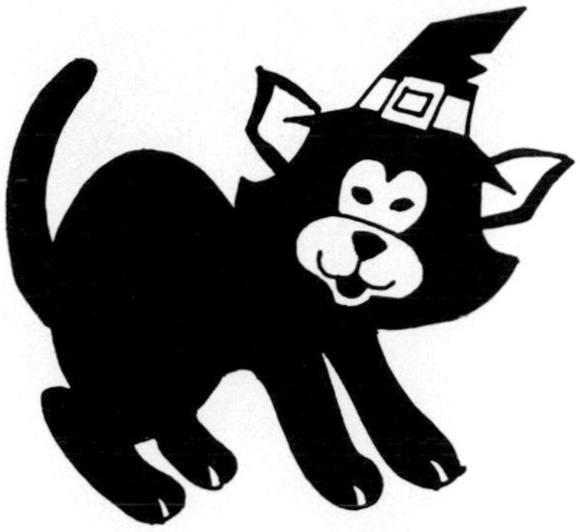
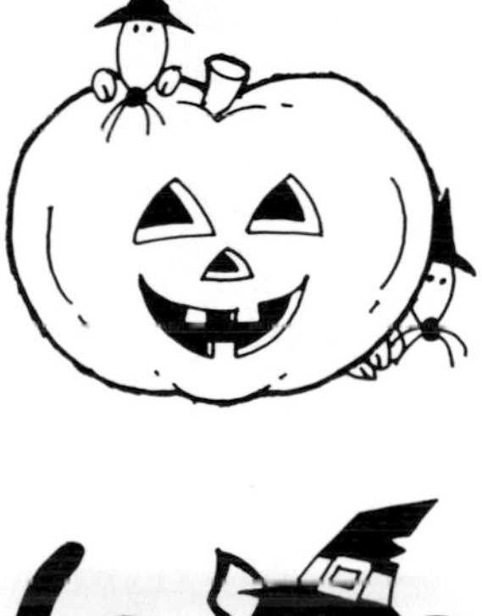
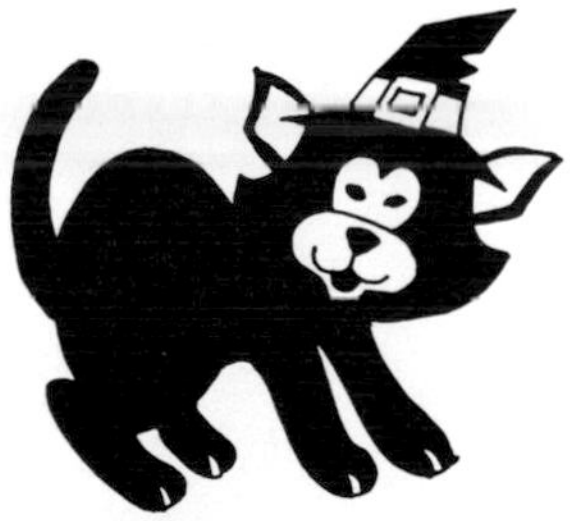
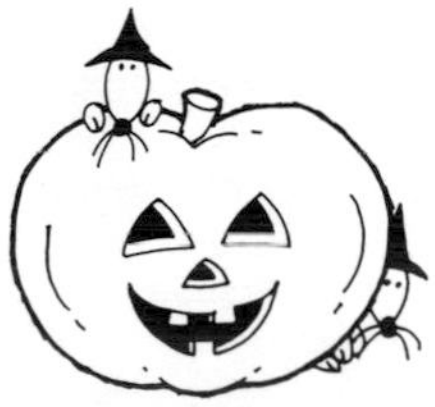
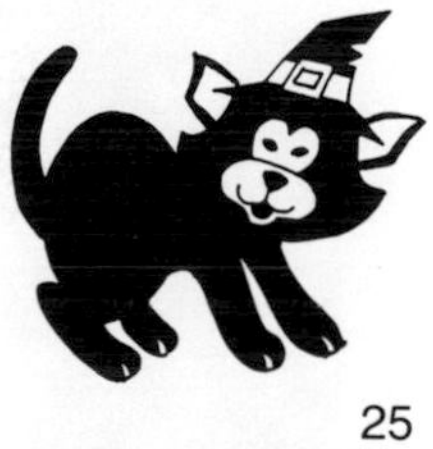

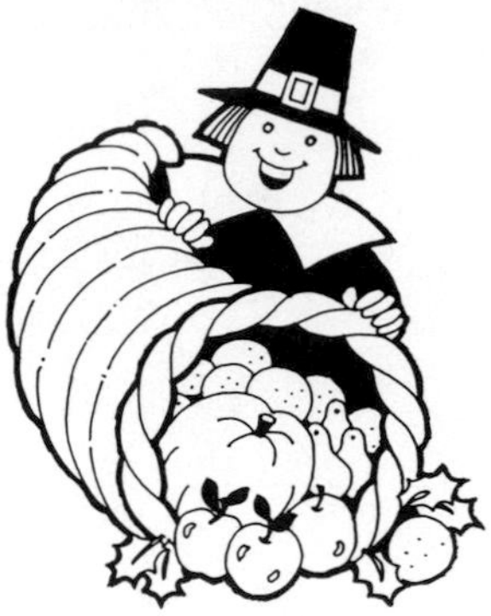
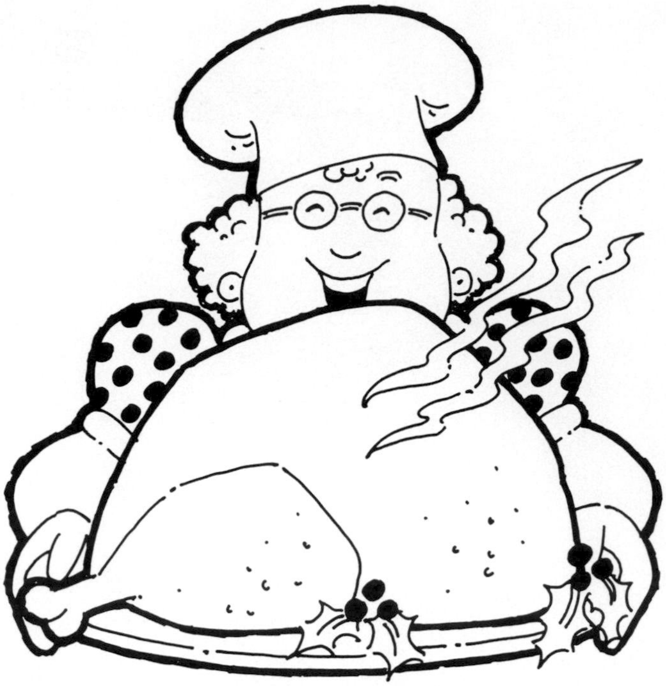
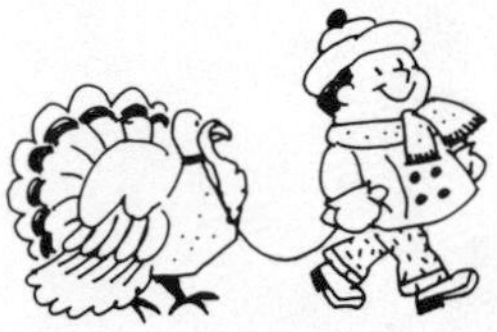
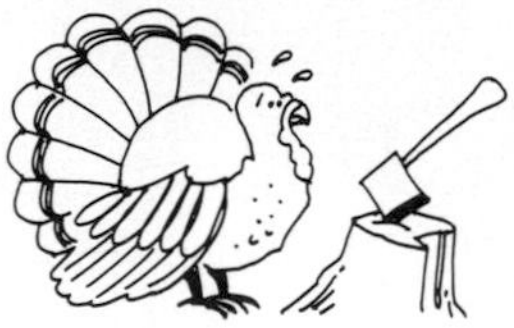
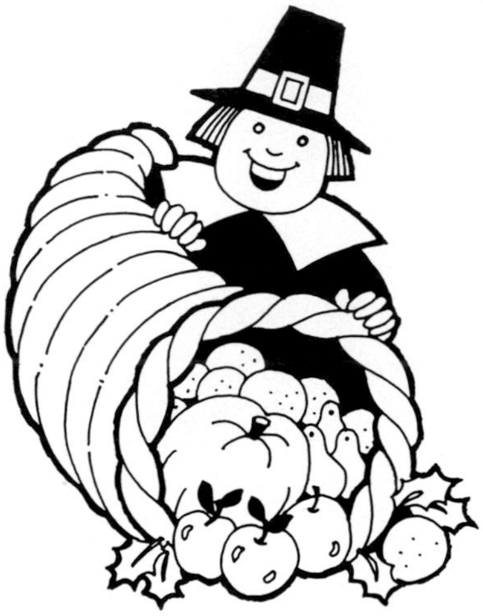
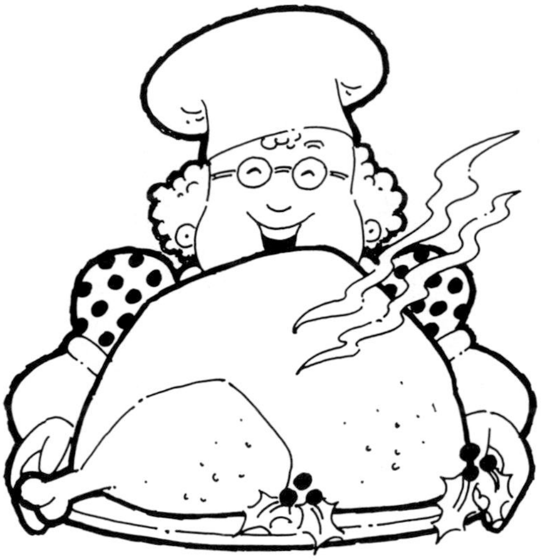
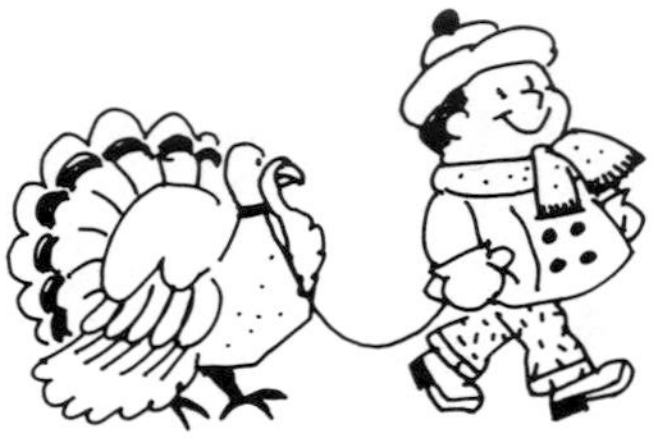
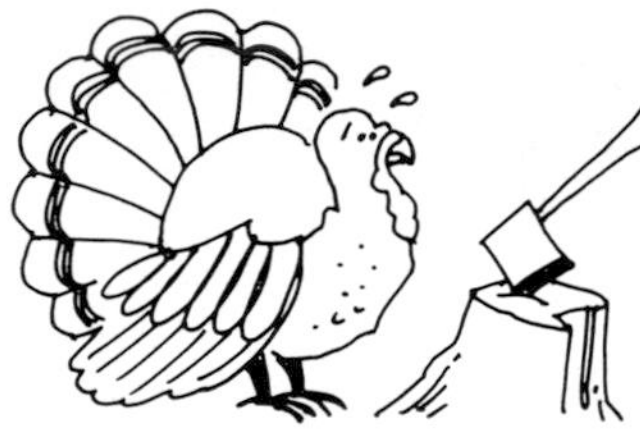
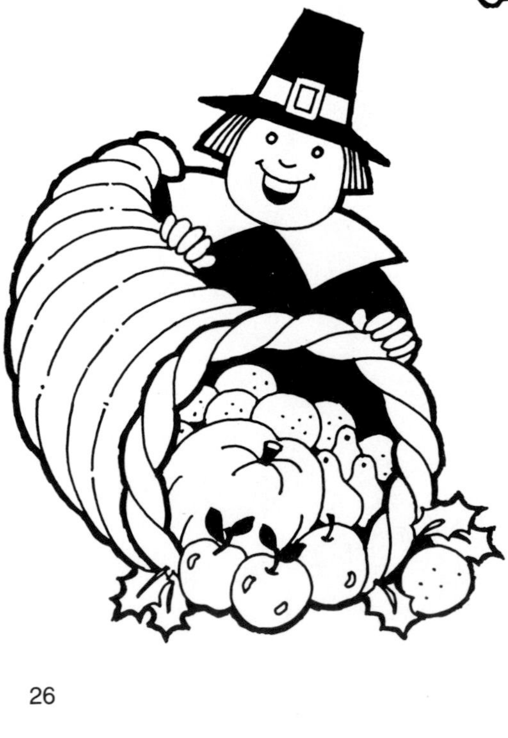
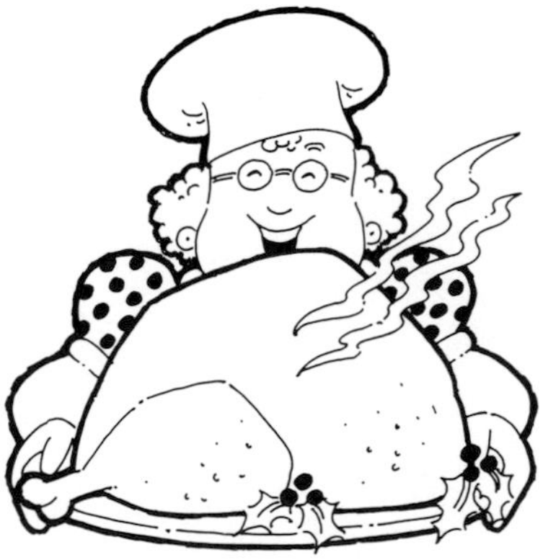
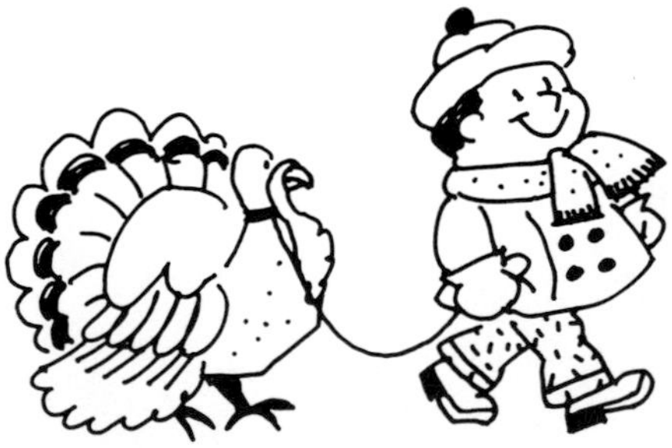
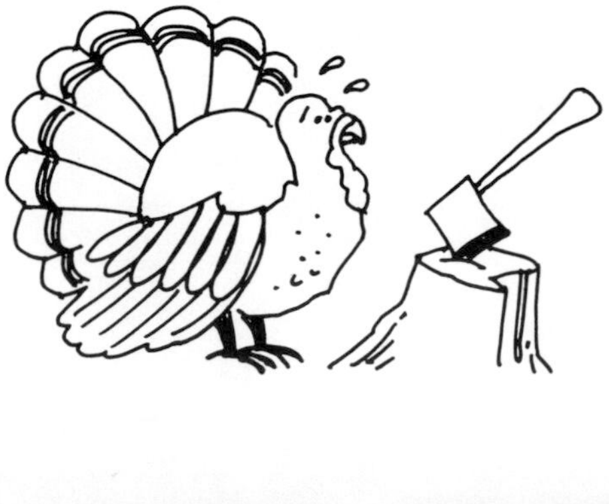

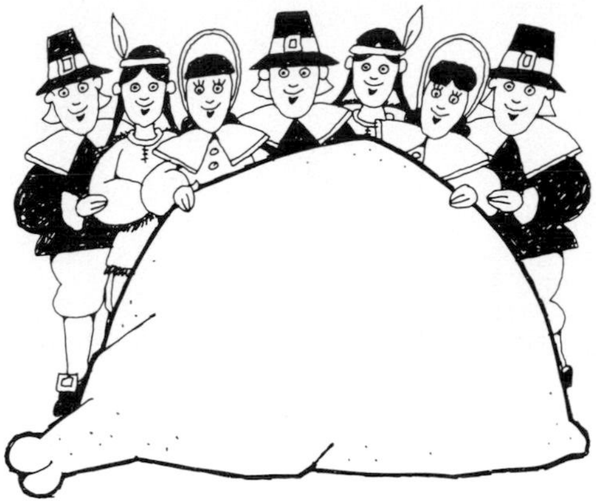
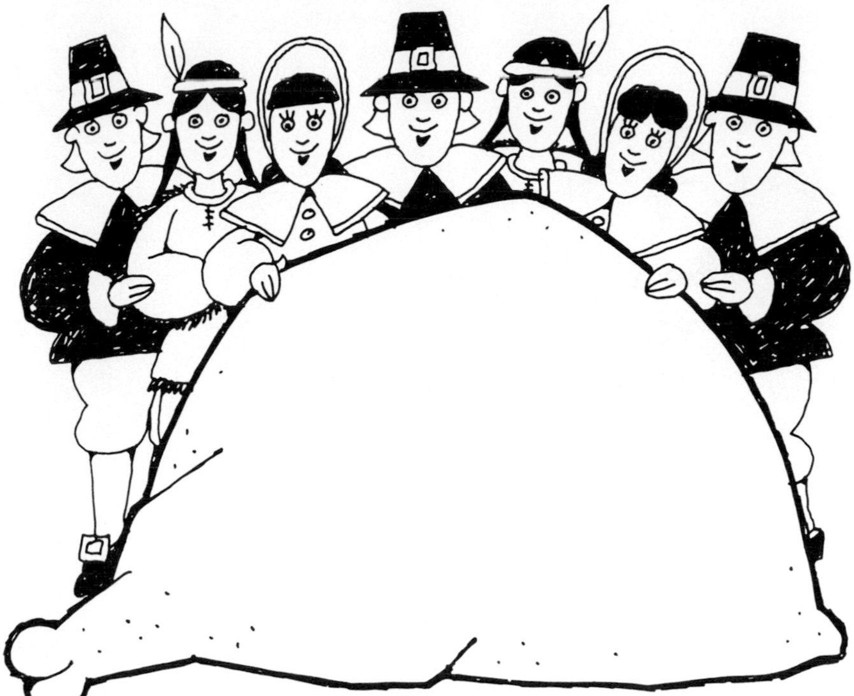
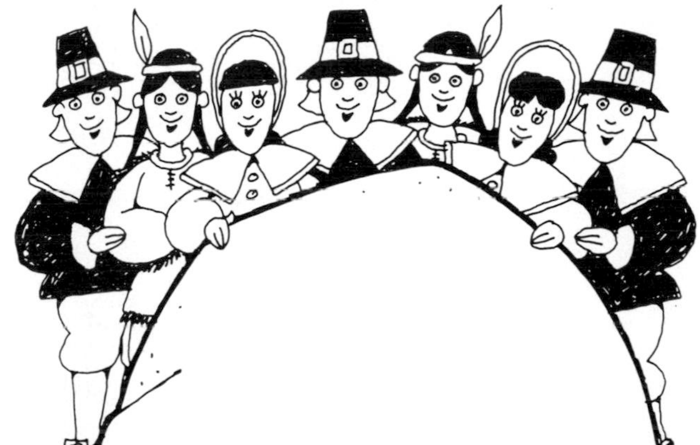
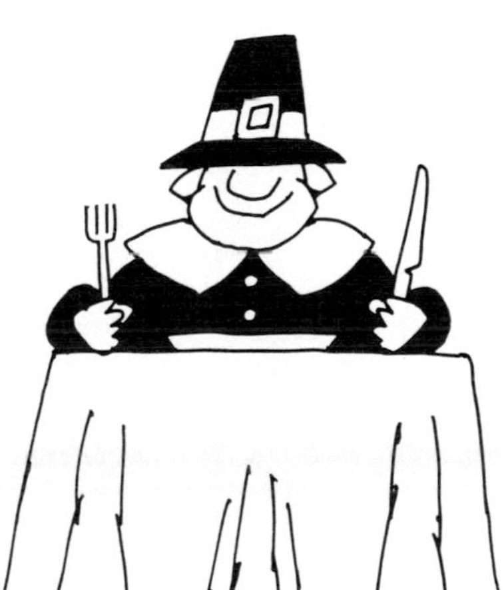
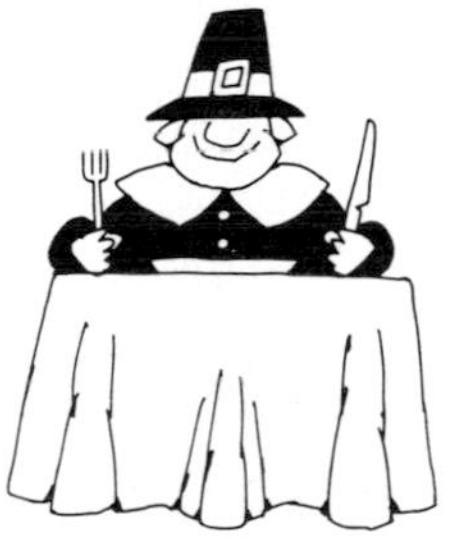
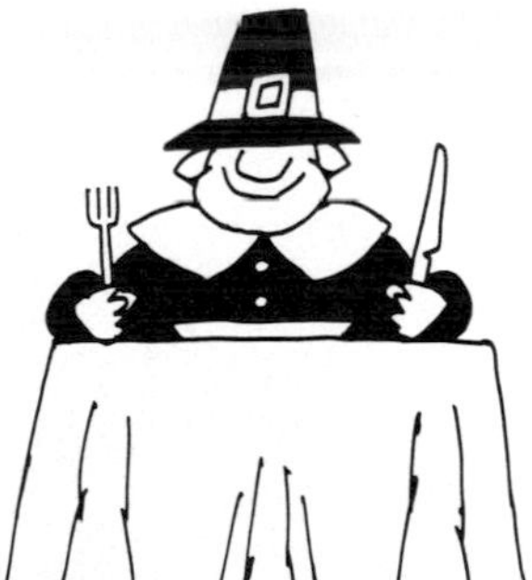
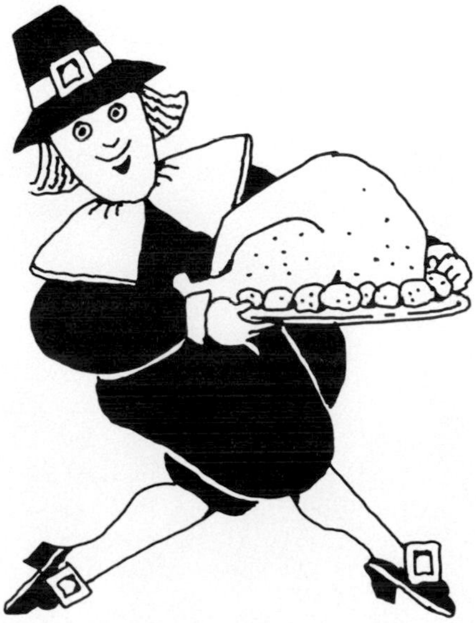
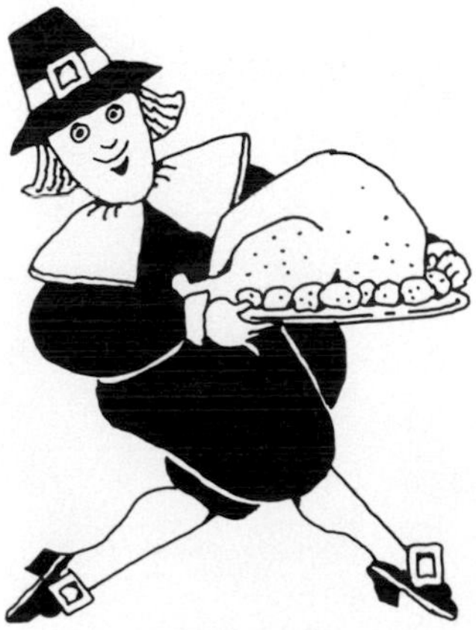
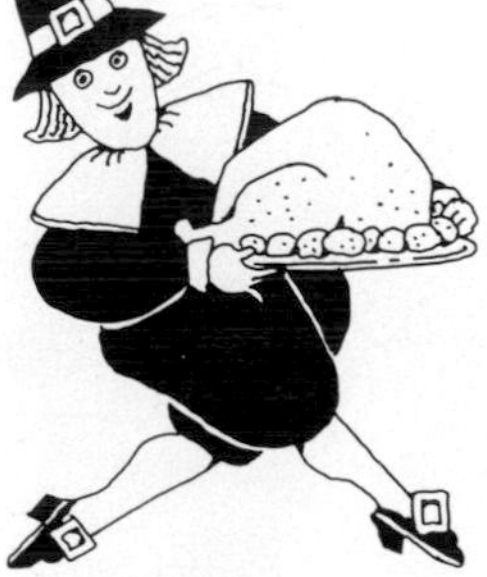

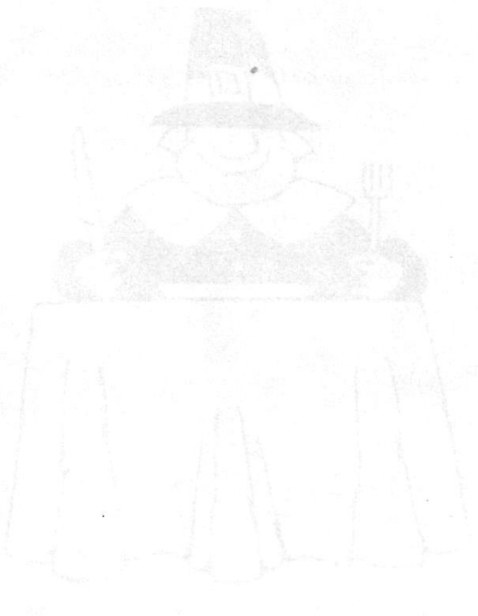

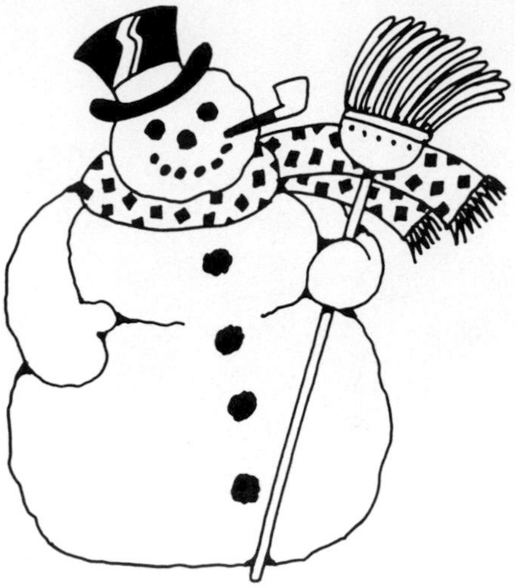
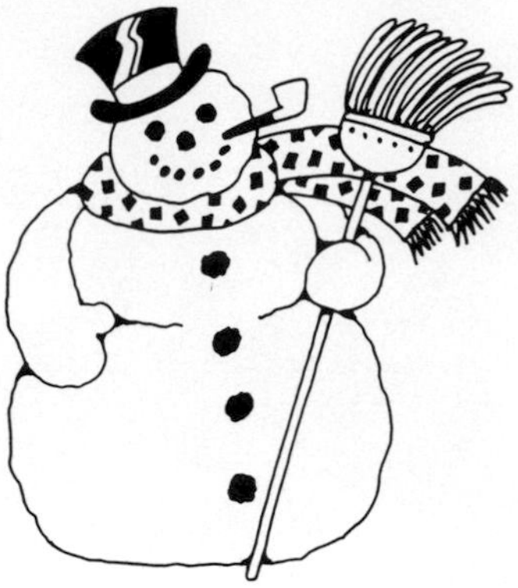
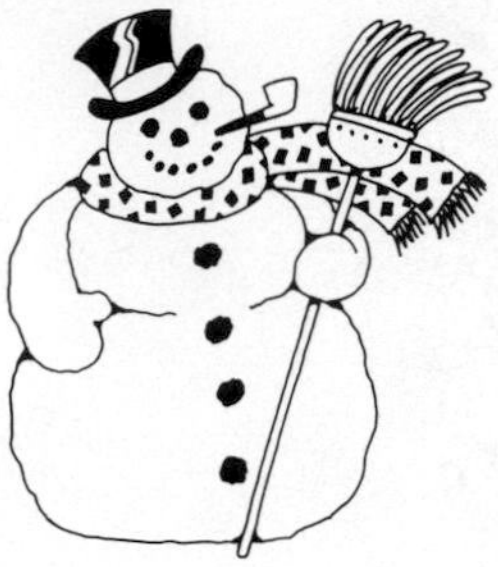
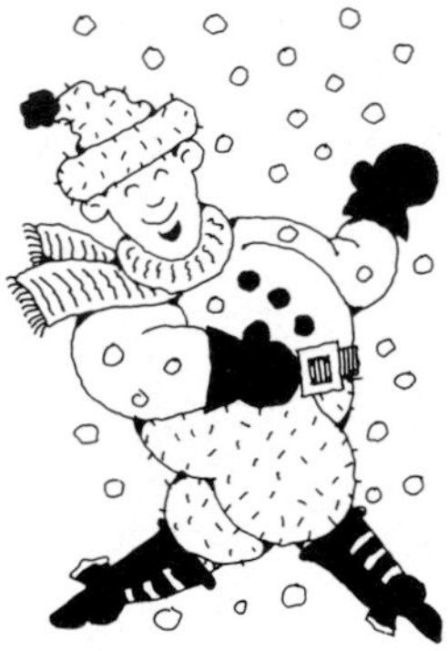
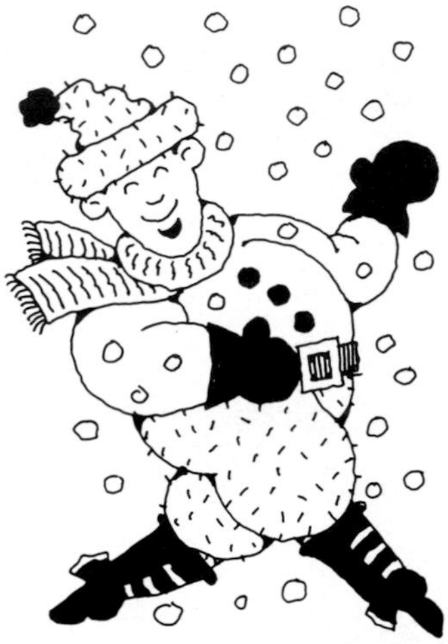
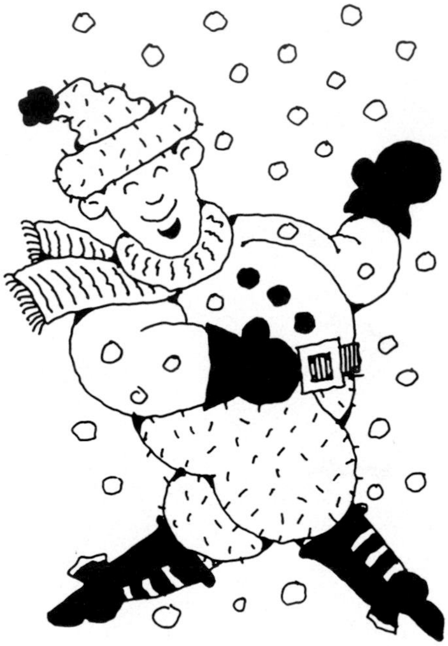
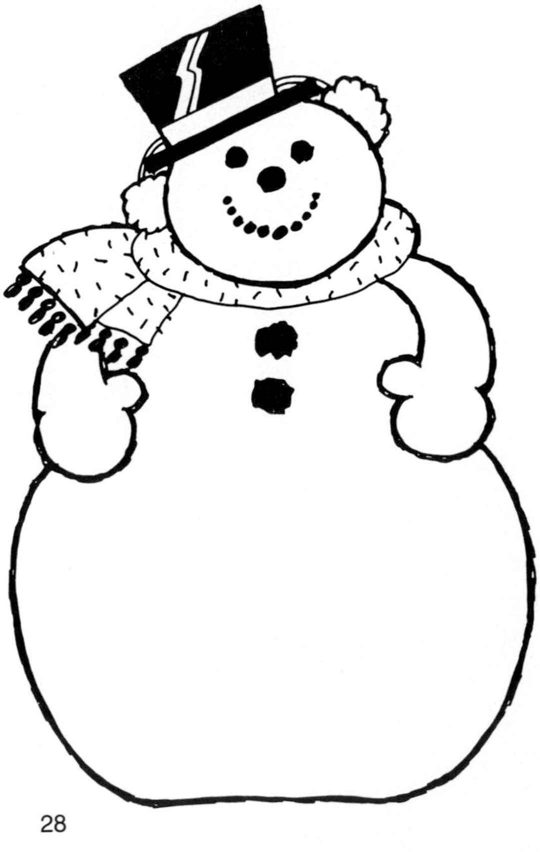
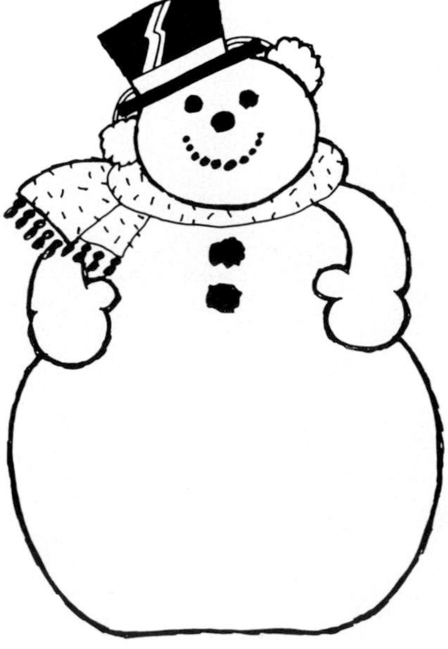
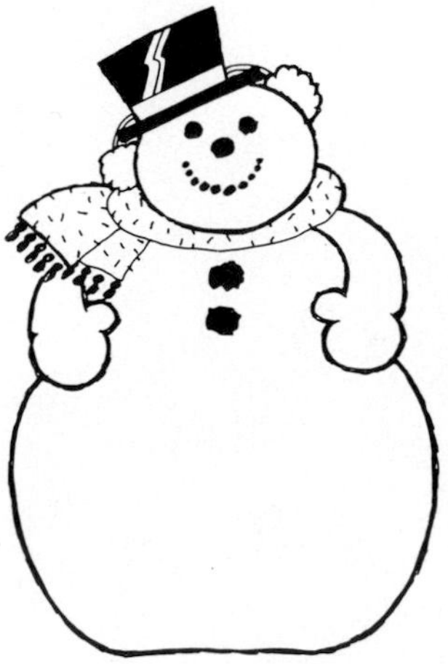

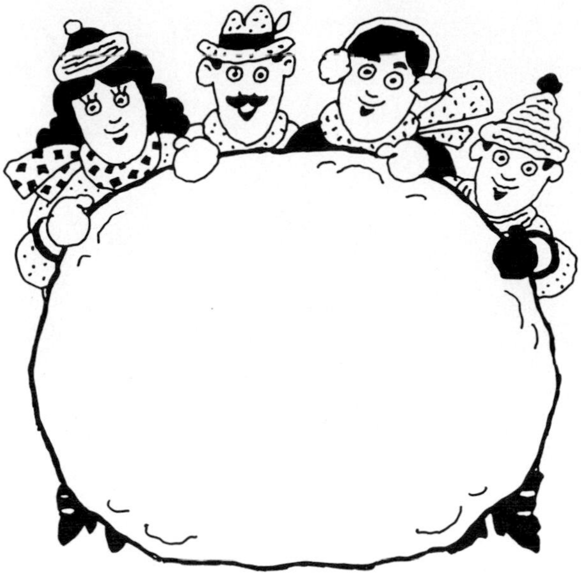
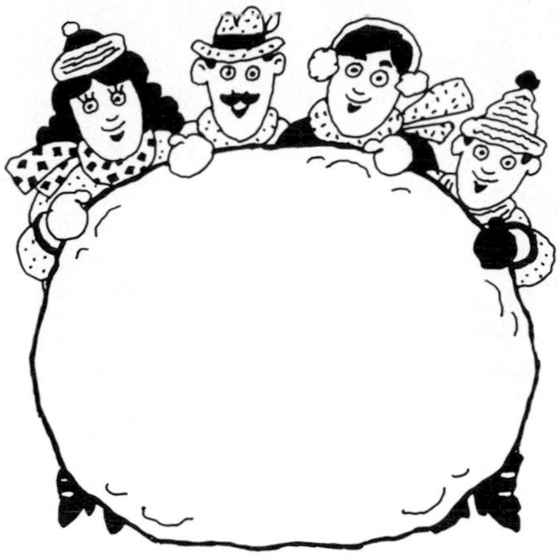
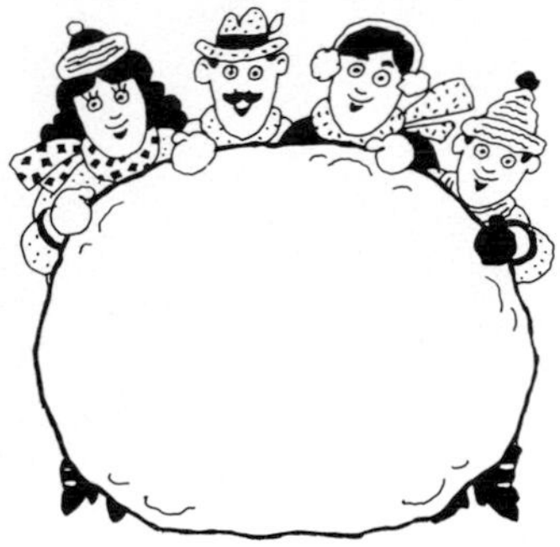
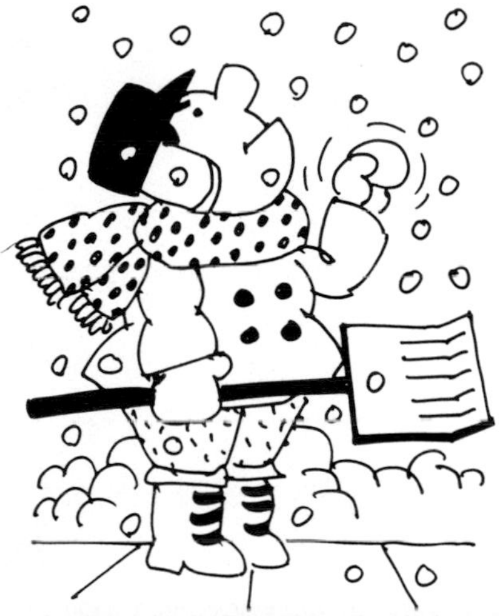
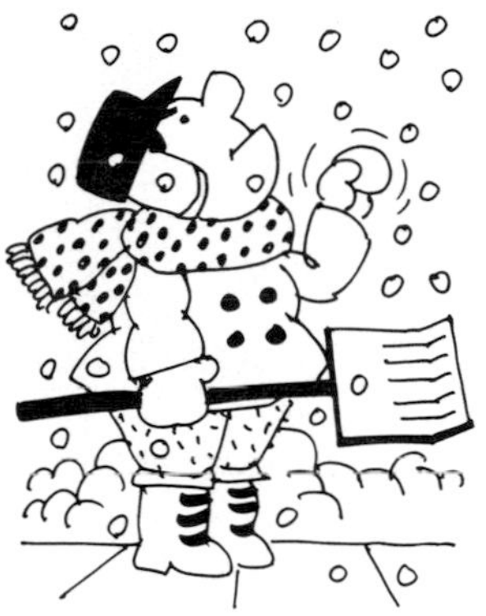
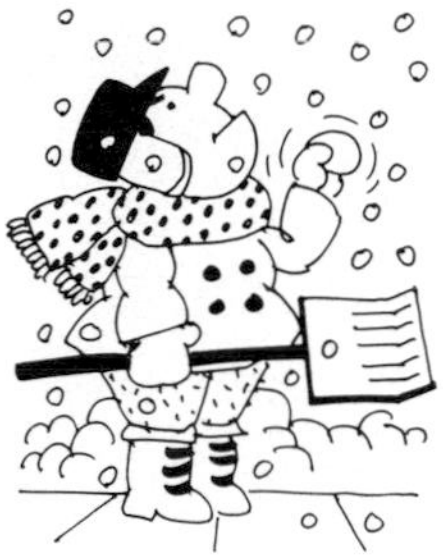
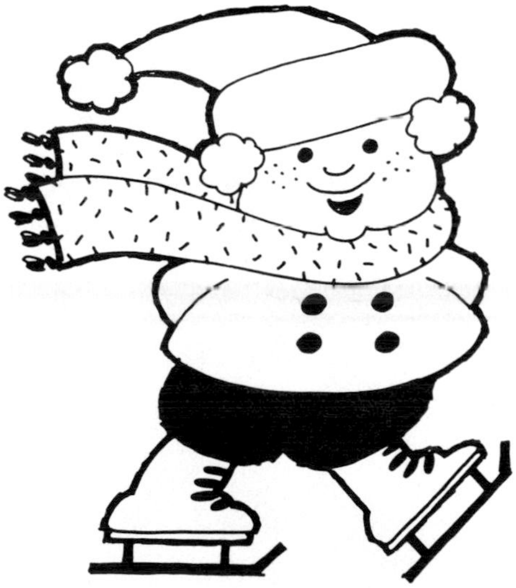
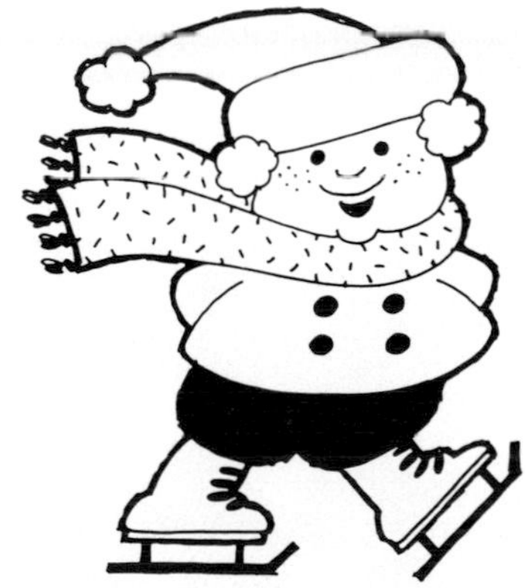
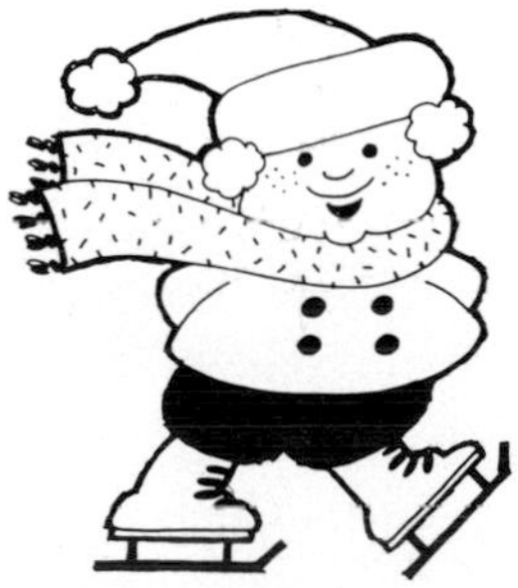
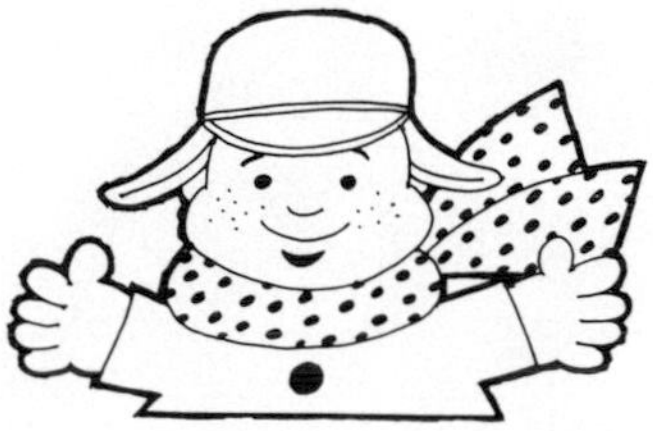
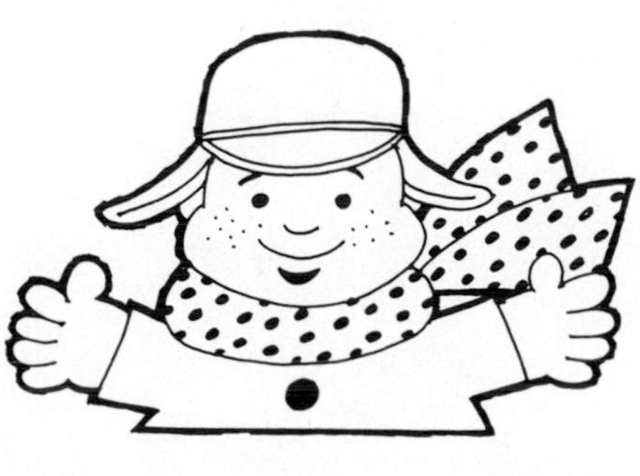
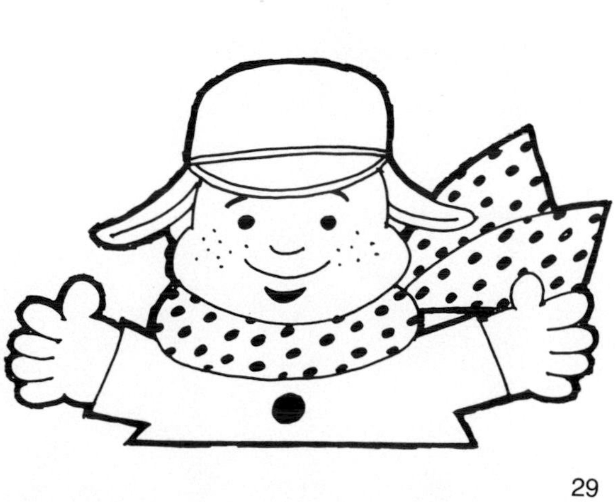

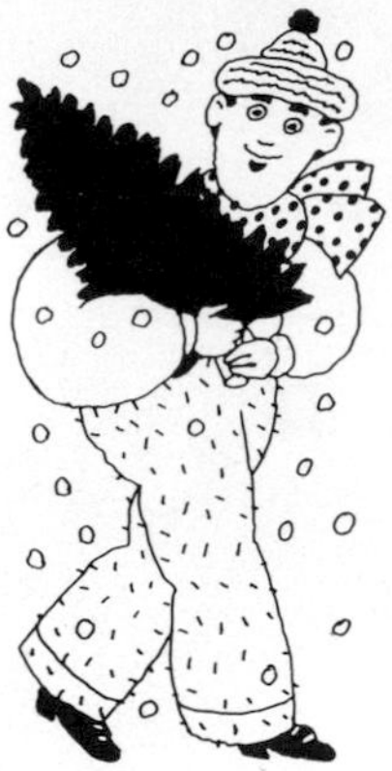
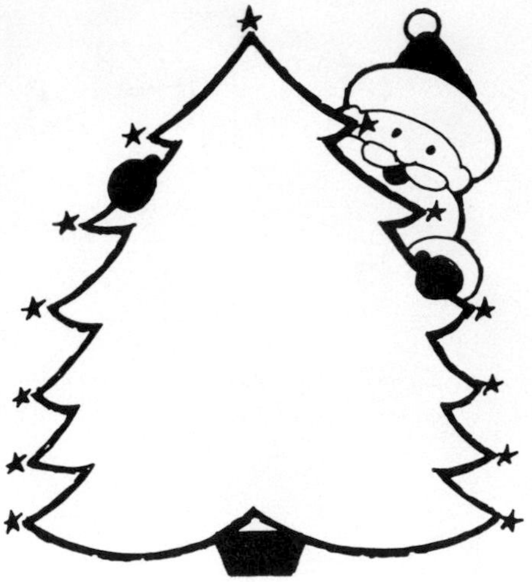
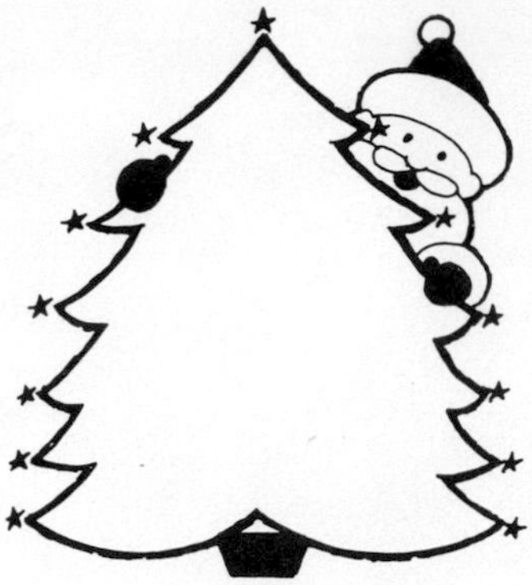
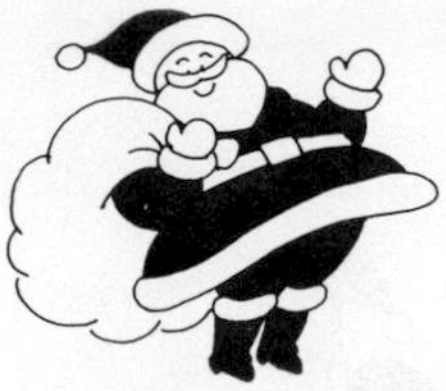
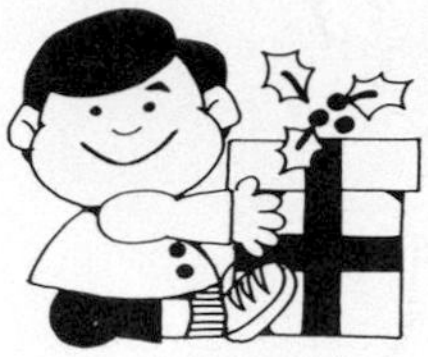

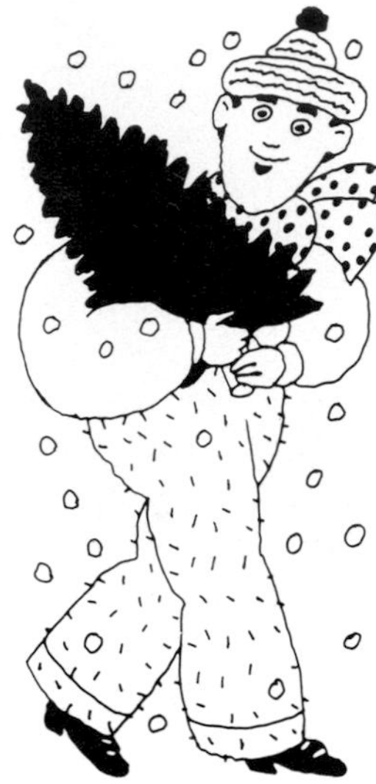

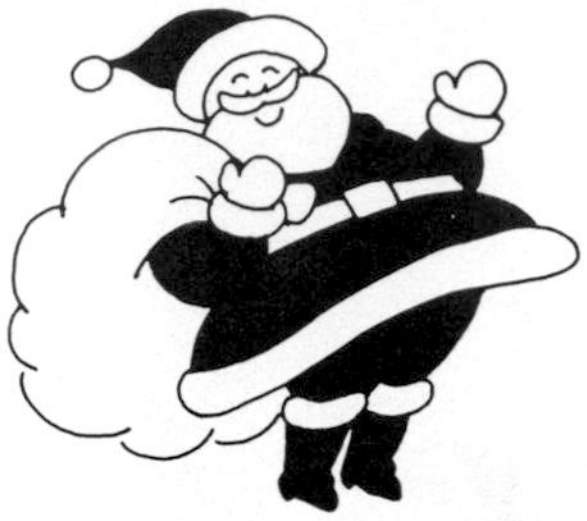
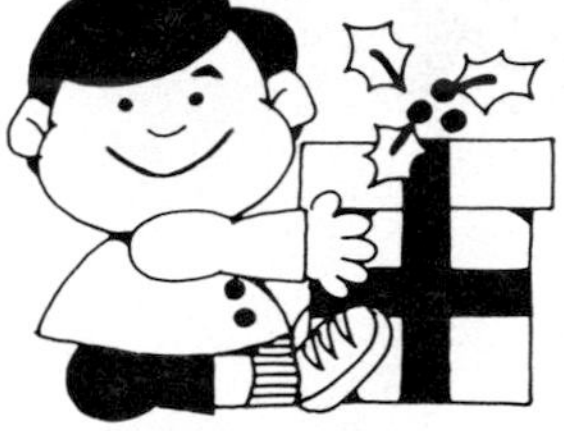
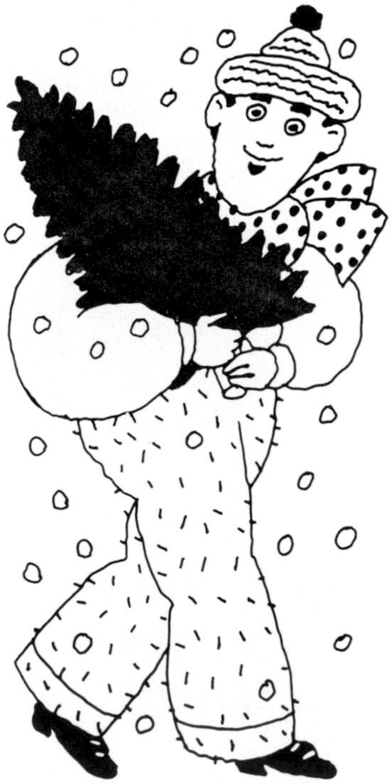

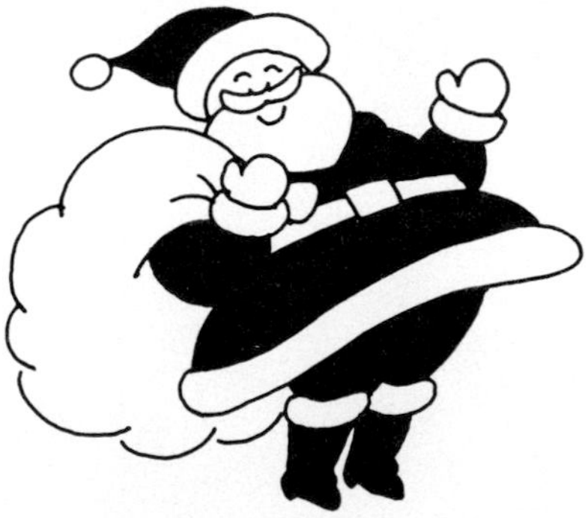

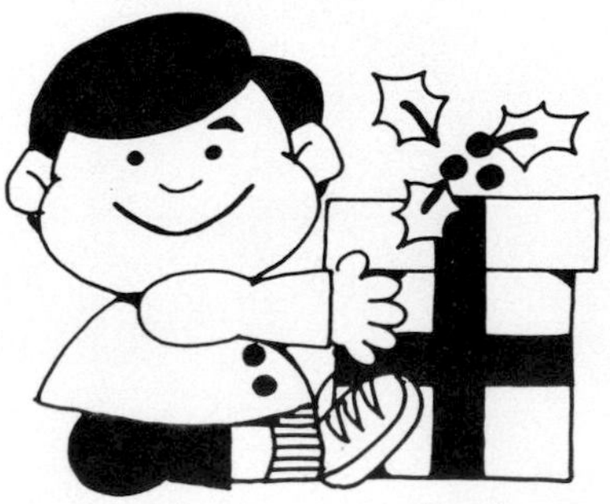

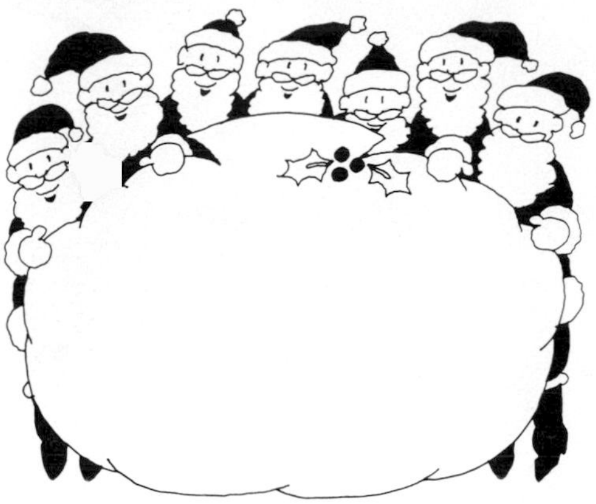

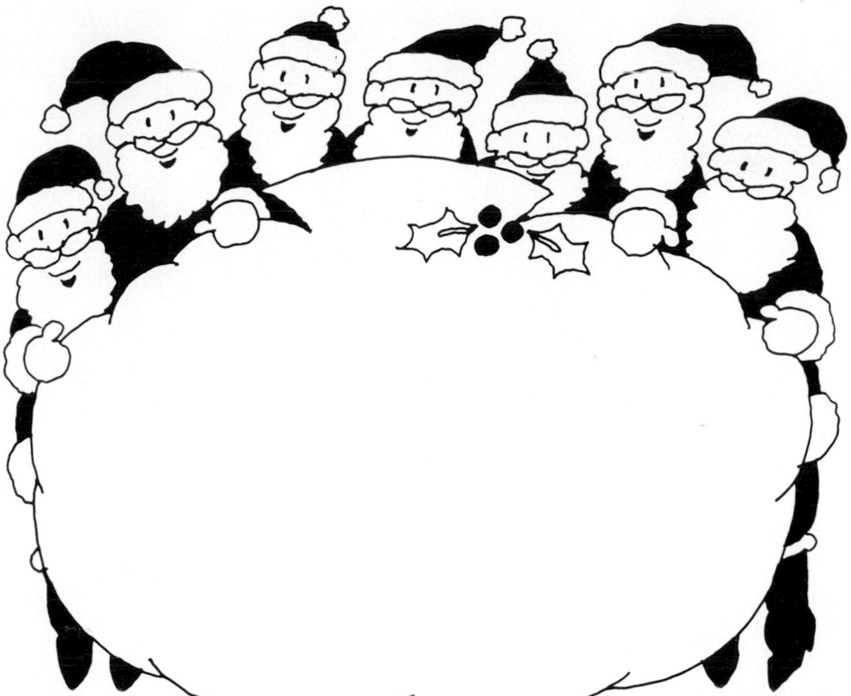

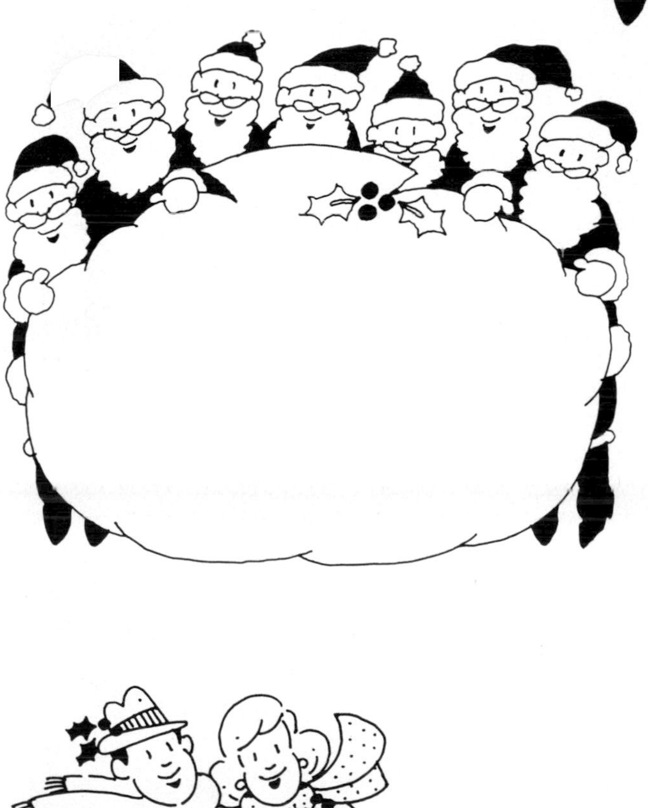

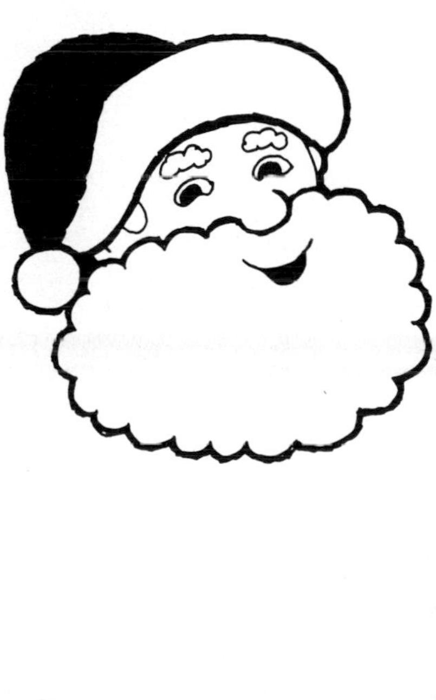

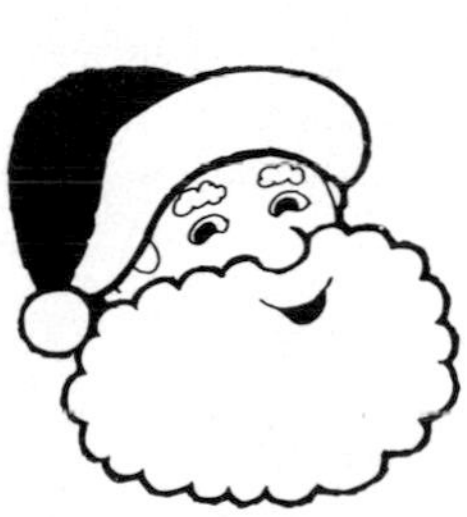

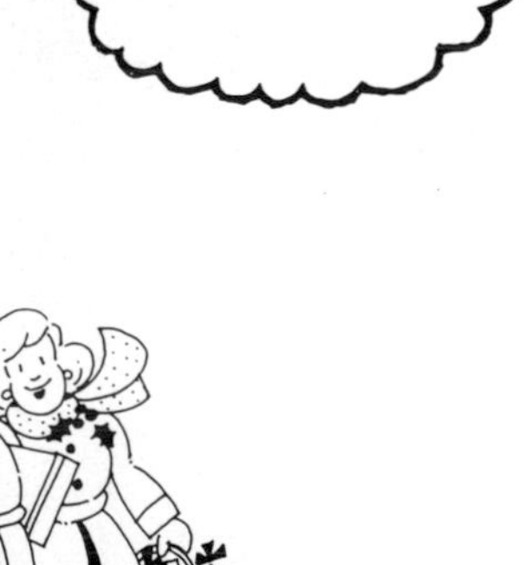

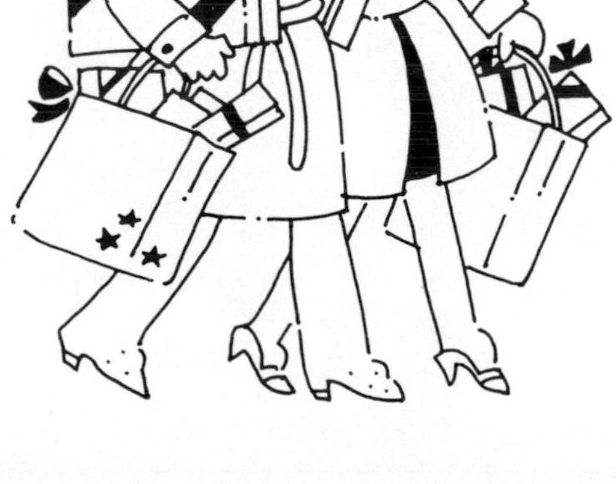

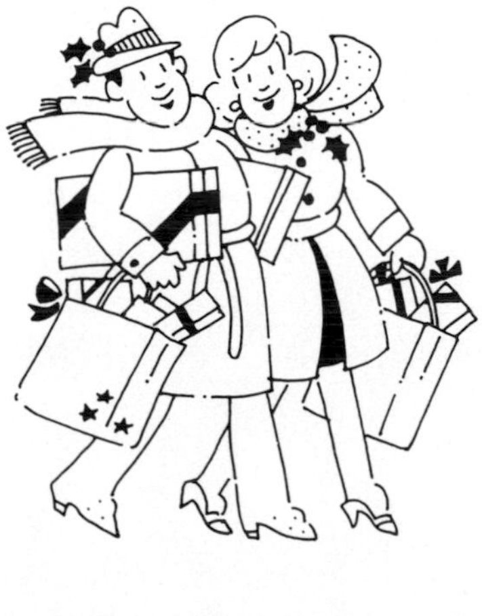

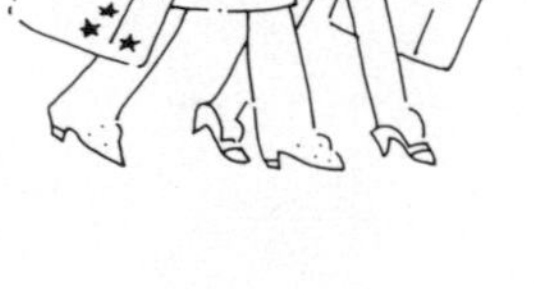

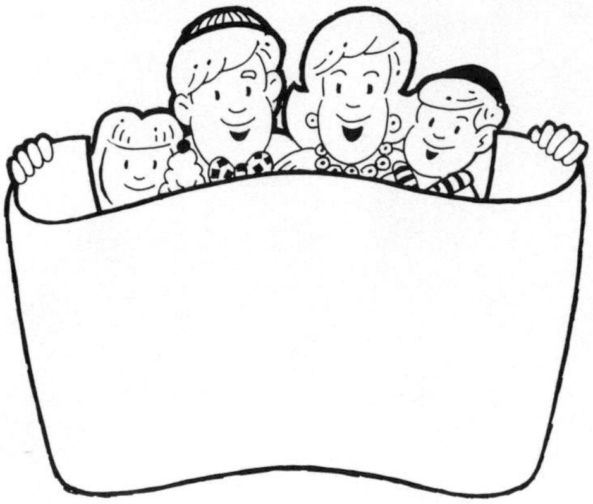

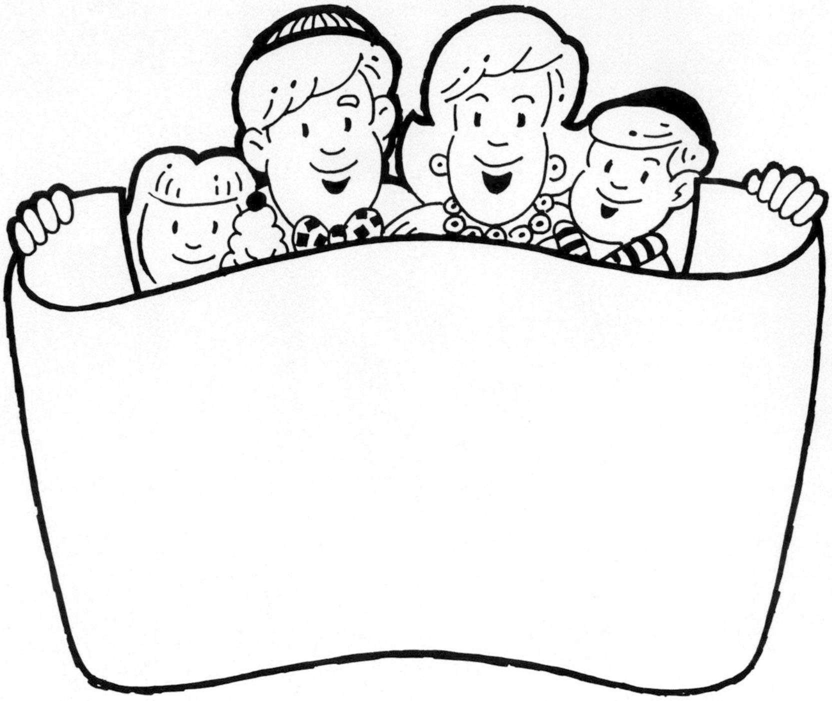

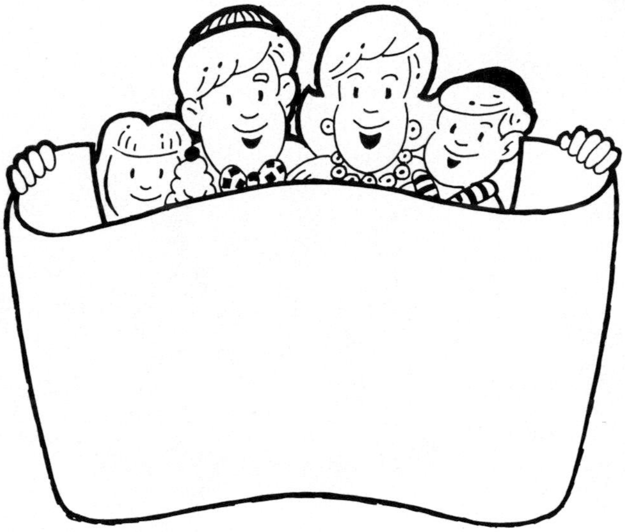

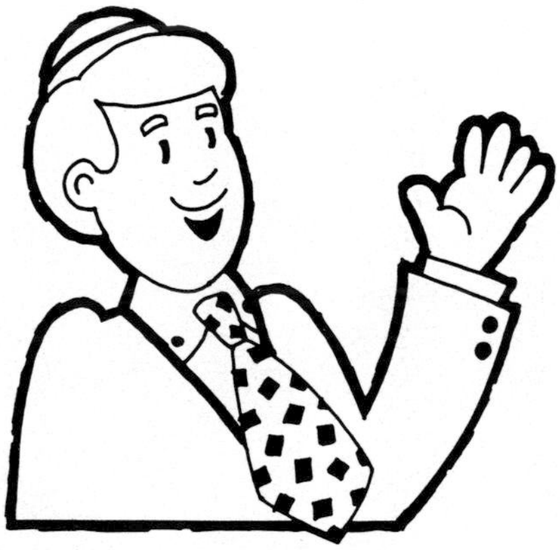

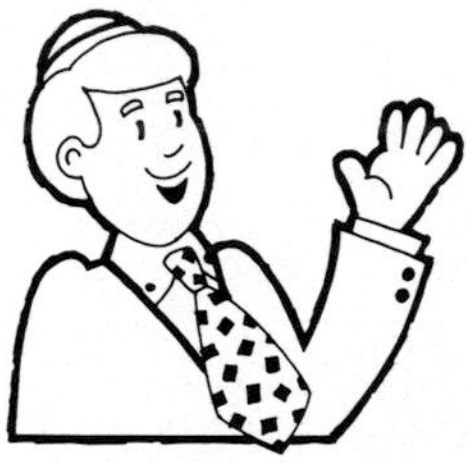

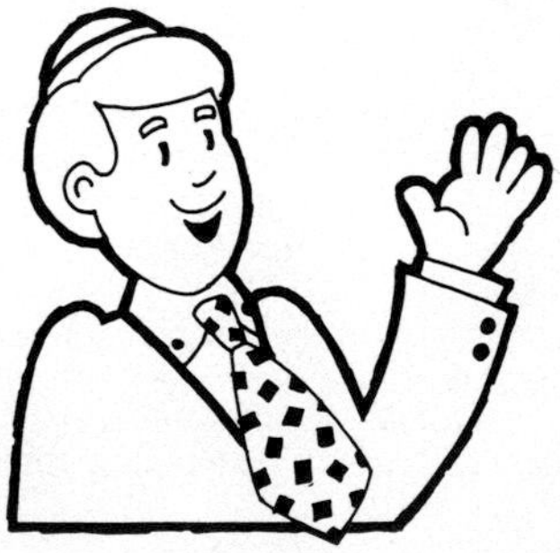

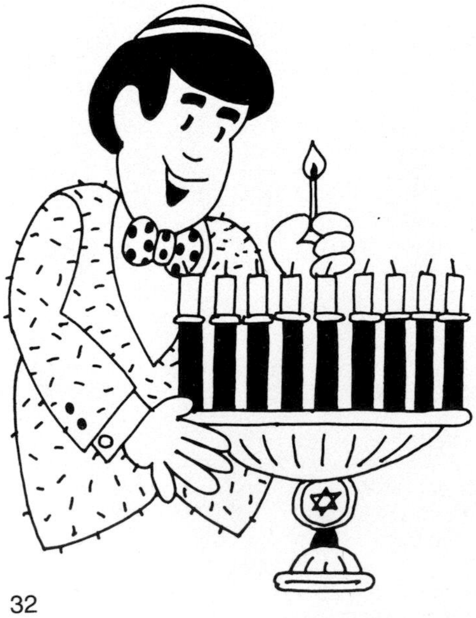

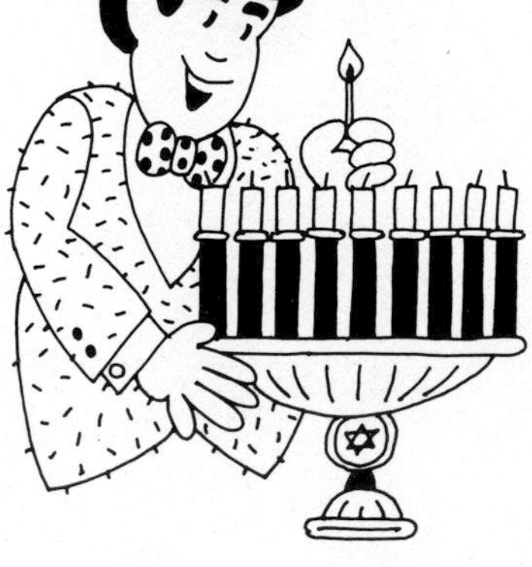

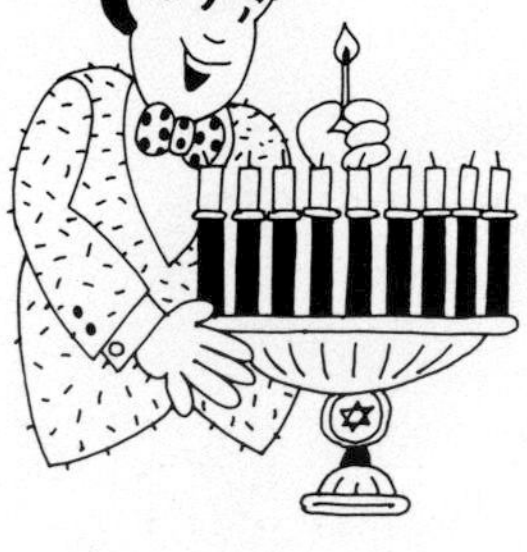